International Marketing

国際マーケティング入門

鐘井　輝

市場調査と分析
マーケティング戦略

三恵社

はじめに

　かつて日本は欧米諸国に続いてアジアで初めての先進国の仲間入りを果たした。第二次世界大戦敗戦後、幾多の困難を克服し、2010 年までGDP世界第二位の経済大国として世界経済を牽引してきたことはよく知られているところである。

　1990 年のバブル崩壊以降、失われた 20 年を経て再度経済立て直しに取り組んでいるところに日本も他国同様にコロナ禍にみまわれてしまった。残念ながら日本の 2020 年度成長率は通年で-4.5％（実質ＧＤＰ）のマイナス成長に陥っている。

　本書は今後のアフターコロナ、ウイズコロナの新たなステージを見据えて企業や団体、個人に求められる国際活動のために知っておくべき基礎的な理論や情報を整理している。

　わが国産業構造はすでに少子高齢化、所得や成長の二極化、資源環境の制約という課題が存在している。その反面豊富にある人材も含めた資源を十分に活用できていない「宝の持ち腐れ」現象も招いている。

　したがって、規制改革や技術開発、産業の新陳代謝などのイノベーション、人材や産業をはじめとする徹底したグローバル化、女性や若者、高齢者など全員参加型の社会構築、農業など日本の強みを富の拡大につなげる仕組みの構築、エネルギーやＩＴ（情報技術）を含め世界最先端の産業育成といった視点が必要である。そこで現状打破のための発想として従来の枠組みを超えた技術ノウハウを組み替えによりグローバルに稼いでいくことが求められる。

　一方、市場において需要が発生するにはその市場において人（人口、世帯数）、ニーズ、可処分所得の各要素が揃っていることが前提となる。

　既にアジア地域は世界最大の経済圏を形成しており、世帯可処分所得 5,000 ＄以上の人口規模は 2030 年には 30 億人に拡大することが予想されている。現在進行している、日本、アメリカ、オーストラリア、インドによる 4 か国戦略対話「クアッド（**Quad**）」による民主的平和の取り決めも 4 か国によるアセアン（Ａ

ＳＥＡＮ：東南アジア諸国連合）と台湾の囲い込みを念頭に置いたものともみることもできる。

　また、日本、中国、韓国やアセアンなどが参加するＲＣＥＰ（地域的包括的経済連携）協定が 2022 年 1 月 1 日に発行し、ＧＤＰ（国内総生産）で世界の約 3 割を占める巨大経済圏が誕生する。日本にとっては中国、韓国と初めて結ぶＦＴＡ（自由貿易協定）で、日本の域内向け輸出を 2019 年比で 5％押し上げるとの試算もされている。平均関税率が高い国が多く参加しているため、経済効果が大きくなることが予測される。現状、日本にとって最大の貿易相手国は中国であり、3 番目に大きい相手国は韓国である。この協定は 2021 年 11 月 2 日までに批准など国内手続きを終えてアセアン事務局に寄託した日本、中国、オーストラリア、ニュージーランド、シンガポール、タイ、ベトナム、ブルネイ、カンボジア、ラオスの 10 か国で先行して発行する。

　2020 年のコロナ禍発生以前にはアジア各国の所得水準は確実に上昇を遂げてきた。同年 2 月に中国武漢で明らかになった新型肺炎が全世界に報道されて以来、特定の分野を除き国際間の多くのビジネスや人々の往来が制限されることになった。
　また、国内に目を向けると日本政府観光局が発表した 2020 年の訪日外国人数は 19 年比 87.1％減の 411 万 5900 人に減少した。東日本大震災があった 2011 年の 621 万人も大幅に下回り、1998 年の 410 万人以来、22 年ぶりの低水準を記録している。
　2021 年後半にはわが国も含め、ワクチンの接種が大幅に行われることになりこの新型肺炎も収束に向かいつつあるように見受けられたが、2022 年に入り、第 6 波が猛威を奮っている。
　しかし、いずれは以前のような海外との往来やビジネスの復活が期待されている状況である。そこで本書ではこれからのビジネスや団体、個人の国際活動を見据え、基礎となる知識や理論を実践的に解説していきたいと考える。

　中小企業診断士として 25 年近く中小企業の支援を行うと共に幾つかの大学でマーケティング関連の授業を約 20 年担当してきた経験を生かし、企業実務でも

生かせる内容とすることに心がけた。

　日本も含め世界の市場は常に変化し、流動的である。しかし、企業や個人は市場で存続し続けなければならないと考える。本書が海外市場に興味を持つビジネスマンや学生諸君にとっていくらかでも貢献することを心から祈りたい。

2022 年 2 月

鐘井　輝

目　　次

国際マーケティング入門

はじめに

第 I 章　なぜ、国際マーケティングなのか

1　企業の存続と国際マーケティング

　国際マーケティングは国際的規模で資源や市場機会を捉えるマーケティング活動と定義することができる。それは資源を最も有利な国から購入し、最も生産性の高い国で製品を作り、最も販売成果の上がる国で販売する結果、企業が生き残るための活動を行うことを意味する。

　①資源　　最も有利な国から購入
　②生産　　最も生産性の高い国で製品を作る
　③販売　　最も販売成果の上がる国で販売する
　④生存　　自社が生き残るための活動を行う

　我が国の民間企業活動の問題点として、まず人材の能力発揮場が限定されることが挙げられる。同時に個人金融資産や企業内部留保の行き場がないことによるヒト・モノ・カネの構造的澱みがある。

　次に他国が未だ経験したことのない少子高齢化、資源・エネルギー問題等の課題先進国の立場に置かれることが挙げられる。しかし、我が国は 2010 年迄ＧＤＰ世界第二位を維持してきた実績があった。残念ながら成功体験の罠にとらわれる雇用システム、教育システムが維持・温存される傾向にある。

　さらに国内の企業数は減少し続けており、戦後まもなく創業した多くの企業経営者は企業経営から退く時期を迎えている。国や関連団体は企業数を増加させるために新規創業を長年支援しているが、創業時の知識や能力、経験保有度合いの低さから、常に起業失敗への脅威にさらされている。現状の創業資金インセンティブだけでは不十分であるといえる。

図表Ⅰ－1 民間企業活動の問題点

民間企業活動の4つの問題点

1 人材の能力発揮場が限定
  個人金融資産・企業内部留保行き場がない
  ヒト・モノ・カネの構造的澱み

2 課題先進国の立場に置かれる
  少子高齢化、資源・エネルギー問題

3 成功体験の罠にとらわれる
  雇用システム、教育システムが維持・温存

4 国内企業数の減少（起業失敗への脅威）
  創業知識・能力・経験保有度合い低い
  資金インセンティブだけでは不十分

今後の我が国民間企業の経営方向性は以下の3つを示すことができる。

まず日本産業再興プランである。これは我が国の産業競争力強化を行うために、企業の新陳代謝を促進する必要があり、創業する中小企業を増やしていくとともに小規模事業者の経営革新を図っていかなければならない。次に国内市場開拓プランがある。ここでは先進国共通課題の解決がテーマになる。例えば健康寿命延伸、地域資源で稼ぐ地域社会などが主要なキーワードである。

最後に海外市場開拓が大きなテーマになる。新興国経済成長取込や海外との各種の経済連携、海外市場獲得の取組が必要となってくる。

2 　日本再興への課題

日本を再興していくためには幾つかの課題を克服していかなければならない。まず、国内の仕組みからの課題として介護ロボットなどの医療関連産業やドローンなど新たな分野の規制改革の推進により国富拡大を推進することが求められる。

次にイノベーションIT政策の立て直しによる世界最高水準科学技術・イノ

ベーション立国実現がある。

　同時に責任あるエネルギー政策の構築を行い、エネルギー安定供給、コスト削減の観点からの取組がある。

　現在地球規模での対応が求められる温暖化対策の見直し、温室効果ガスの削減策の見直しがある。また、産業の新陳代謝の円滑化、産業再編、起業・新事業創出活性化も喫緊の課題として挙げられる。この課題を解決していくためには、若者・女性の活躍推進や男女が仕事と子育て両立できる環境整備が伴っていかなければならない。

　海外との課題に目を向けると諸外国との経済連携の推進により海外の成長を国内に取り込んでいく仕組み作りが必要となる。

　農産品輸出拡大、農業競争力強化による攻めの農業政策の推進があり、次に鉱物資源権益確保や最先端インフラシステムの輸出といった資源確保・インフラ輸出戦略の推進さらに、日本のコンテンツ、日本食の海外展開などのクールジャパンの推進を挙げることができる。

図表　Ⅰ－2　日本再興の3つの戦略

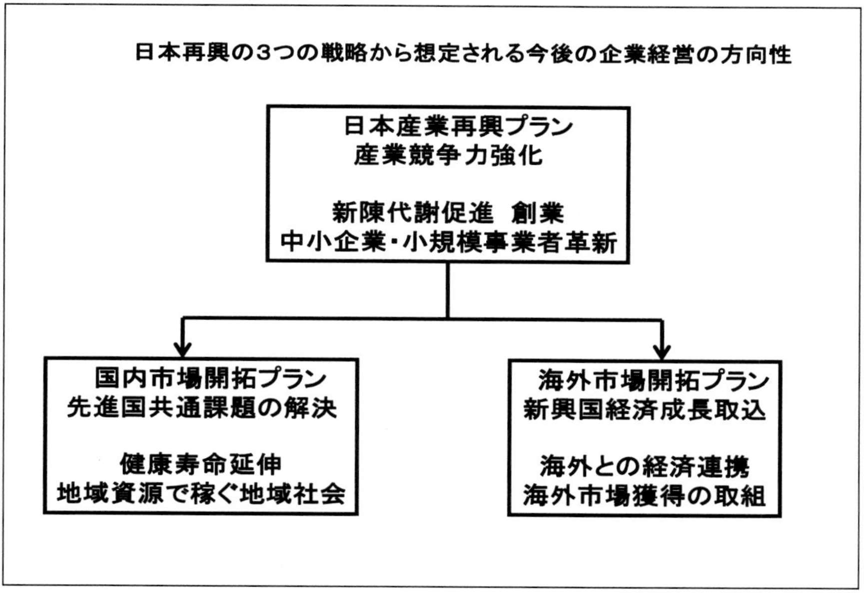

3　国際化への中堅・中小企業の問題点とその要因

　国内の経営環境からの戦略を考える場合、我が国の中堅・中小企業の問題点や
その要因が存在している。

（1）国際化の問題点と経営環境

　従来、海外市場での活動は大規模製造業中心が中心となっており、中堅・中小
企業は対象と考えておられずグローバル化の裾野は狭かった。日本国内の市場も
成長していたため中堅・中小企業の海外進出発想は乏しかったのである。アジア
を中心にグローバル市場は拡大する反面、国内は少子高齢化と伴に市場の縮小が
始まった。

　企業規模による人材も含めた経営資源の偏りと市場規模の変化による二極化の
進行がみられることになった。

　国内市場の成熟化と同時に同業種、同業態間のみならず、異業種や異業態間で
の過当競争も発生している。為替変動といったリスクも存在はあるが、補助金や
各種情報の提供といった政府やジェトロ等関連機関、専門コンサルタントの海外
展開支援のサービスも充実してきていることもあり、海外市場に目を向けられる
ことになった。

　日本製品やサービスの競争優位性から新たな市場拡大による投資効率拡大が求
められている。

図表　Ⅰ－3　中堅・中小企業の問題点とその要因

問題点	要因
グローバル化の裾野が狭い	大規模製造業中心
中堅・中小企業の海外進出発想が乏しい	国内市場が成長していた
	人材不足
二極化の進行	グローバル市場拡大
	国内市場の縮小

（2）海外展開支援内容

　図表 1-4 は海外展開支援内容は企業の形態別支援内容を示している。海外ビジネス展開支援期間の実行項目には大局的な視点からは対象国経済的、政治・法律的、文化的特徴の分析と対応、特定市場参入の決定、参入方法、有効な組織を開発支援などがある。

　国内にある日本企業に限らず、既に海外進出をすでに果たしている日系企業への支援も含まれる。実務上の支援内容は取引先可能性のある企業紹介、訪問先へのアテンド（attend：世話・付き添い）、市場や競合先視察、市場調査のサポート、現地で必要な原材料や器具・備品等の仕入れ先調査、販路開拓サポート、関係者との情報交換の機会の設定、当該企業からの情報発信、物産展や展示会への出品サポート、従業員研修・教育、不足している人材採用のためのマッチング等多岐にわたっている。これら海外展開支援のサービスを適切に活用することで海外進出のハードルを下げていくことが可能になる。

図表　Ⅰ－4　海外展開支援内容

1　海外中小企業の支援

2　海外進出日本企業の支援

3　海外と日本企業の橋渡し

4　国内企業の国際化

取引先企業紹介
視察（市場調査）
仕入れ先調査
販路開拓サポート
情報交換
情報発信
研修
教育
人材マッチング

（3）ＪＥＴＲＯの役割

　独立行政法人日本貿易振興機構（ＪＥＴＲＯ）は2003年に設立された経済産業所所管の独立行政法人（中央省庁から独立した法人組織であり、公共の見地から事務や国家事業を行う）である。わが国の貿易の振興に関する事業を総合的かつ効率的に実施すること並びにアジア地域等の経済及びこれに関連する諸事情について基礎的かつ総合的な調査研究並びにその成果の普及を行い、もってこれらの地域

との貿易の拡大及び経済協力の促進に寄与することを目的としている。

　主な事業は次の8つである。
　1．中小企業等の国際ビジネス展開支援
　2．地域活性化に向けた対日投資や地域間連携の促進
　3．在外日本企業の海外ビジネス展開支援
　4．貿易投資相談・情報提供
　5．ビジネスに有意義な海外情報収集・提供
　6．EPAへの協力
　7．発展途上国経済発展支援
　8．アジア経済研究所における開発途上国研究

図表　I－5 JETRO　Japan External Trade Organization
（日本貿易振興機構）　Kuala　Lumpur　事務所

わが国の貿易の振興に関する事業を総合的かつ効率的に実施すること並びにアジア地域等の経済及びこれに関連する諸事情について基礎的かつ総合的な調査研究並びにその成果の普及を行い、もってこれらの地域との貿易の拡大及び経済協力の促進に寄与することを目的とする

4　海外市場と国内市場のアプローチの異なり

　海外活動を行っていく企業には既存の日本国内の市場を深耕するときと異なったアプローチが求められる。

（1）マーケティングアプローチ

　そこでは市場のシェア（占有率）を拡大していくことが最重点の目標になる。海外市場においては新規顧客の獲得が最大のテーマであり、販売先や取引先の拡大が行われる。そのためには新規顧客に自社製品が選ばれるプロモーションが中心になる。いかに市場での占有率を高めていく経営努力の方向がある。そのためには他社とは差別化した製品の品質等の優位性が必要である。

　それに対し国内市場では既存顧客の維持が最大のテーマであり、販売先や取引先との関係作りが行われる。そのためには既存顧客に自社製品が選ばれるサービスの提供が中心になる。いかに個々の顧客占有率を高めていかの経営努力の方向である。そのためには他社とは差別化したサービス等の顧客満足が必要となる。

図表　Ⅰ－6 海外市場と国内市場のアプローチの違い①

市場によるアプローチの違い①

海外市場開拓	国内市場深耕
顧客獲得	顧客維持
販売・取引	関係作り
販売促進中心	顧客サービス中心
市場シェア	顧客シェア
製品品質志向	顧客満足志向

（2）マネジメントアプローチ

　海外市場開拓を行う場合は企業によるマネジメントが重要であり、組織や製品のコントロール能力が求められる。海外市場においてはスピード感の市場開拓が最大のテーマであり、マネジメント能力が必要とされる。そのためには新規顧客に自社製品が選ばれる情報提供や提案が中心になる。市場で製品を受け入れても

らうためには製品ごとの管理者を選任する必要があり、そのためには他社とは差別化した製品の競争優位性が求められる。

　それに対し国内市場ではきめこまかな市場への適応が最大のテーマであり、市場の末端や現場に近い所での対応が必要であるため権限の委譲が求められる。それを実現するには顧客の要望やニーズが把握可能な双方向のコミュニケーションを欠かすことはできない。顧客ごとの対応を適切にコントロールするには顧客マネージャーを選任する必要があり、そのことで顧客を一律にしか管理しない、顧客を差別化した対応が可能になる。

図表　Ⅰ－7 海外市場と国内市場のアプローチの違い②

市場によるアプローチの違い②

海外市場開拓	国内市場深耕
集中処理志向	分散処理志向
マネジメント志向	エンパワーメント志向
一方通行	双方通行
プロダクトマネージャー	顧客マネージャー
製品差別化	顧客差別化

（3）アプローチの方向性

　新たに海外市場開拓を行う場合は規模の経済追求を行い、新規顧客の獲得による拡大が最大のテーマとなる。自社の核心となる事業を素早く展開し、市場でのシェア拡大、市場への浸透を目指していく。それに対し国内市場では既存顧客からの新たなビジネス獲得が最大のテーマであり、顧客の求める新製品や新サービスを提案していかなければならない。

　国内市場は成熟化し、大きな市場拡大は望めない。海外市場との違いを認識したうえで既存製品の周辺分野や関連分野にある製品やサービスを取り扱い、自社の顧客シェアを高めていくことが可能になる。

図表　Ⅰ－8 海外市場と国内市場のアプローチの違い③

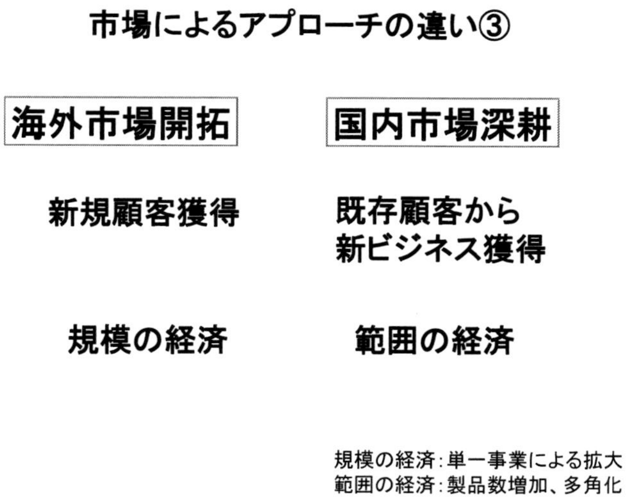

市場によるアプローチの違い③

海外市場開拓	国内市場深耕
新規顧客獲得	既存顧客から 新ビジネス獲得
規模の経済	範囲の経済

規模の経済：単一事業による拡大
範囲の経済：製品数増加、多角化

5　アジア諸国消費市場段階の一般的なプロセス

（1）日本の消費市場

　わが国の消費市場は1950年代以降の高度成長期に開花し、低成長期やバブル期を経て成熟期を迎えた。1950年半ばにはいわゆる三種の神器といわれたテレビ、洗濯機、冷蔵庫への旺盛な需要が発生し、1970年代半ばにはいわゆる3Cといわれたカー、クーラー、カラーテレビ需要のブームが発生している。その後、消費市場は成熟化に向かっていった。一方アジアに目を向けると現在の消費段階は国ごとに異なりがみられる。

図表 Ⅰ-9 我が国戦後の社会経済の変遷

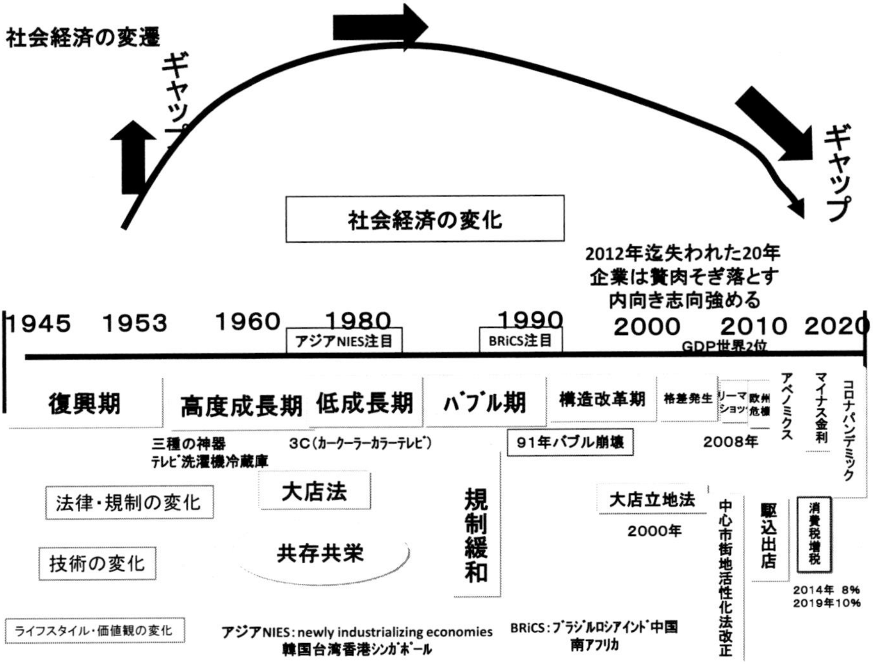

（2）消費市場形成プロセス

　既にシンガポール、台湾、韓国、香港では豊かな消費市場が形成されている。次いで中国、マレーシア、タイでも消費市場が誕生し、豊かな消費市場が形成されつつある。インドネシア、フィリピンでは現在消費市場の形成段階にある。ここでは家電製品などの企業が活発に活動している。ベトナムではインフラ整備が整いつつあり、政府による誘致政策も効果を発揮して、現在多くの海外の製造業進出している。その結果、現地雇用が発生し、外貨獲得段階にすすんでいる。一方ベトナムと同じメコン地域にあるミャンマー、カンボジア、ラオスなどでは官民でのインフラ整備の段階であり、銀行や商社などのインフラ関連企業進出し、電気、下水道、道路等のインフラが整備されつつある状況である。したがって、今のところ豊かな消費市場は形成されていない。なお、日本政府は多くの発展途上国に対しＯＤＡ（Official　Development　Assistance）により、資金（贈与・

貸付）や技術提供を実施し、支援を行っている。

図表　Ⅰ－10　アジア諸国消費市場段階一般的プロセス

	新興国		
民間製造業（食品・菓子）	4 消費市場形成	豊かな消費市場の誕生	シンガポール　中国　韓国 香港　台湾　マレーシア タイ インドネシア　フィリピン
民間製造業（家電）	3 生産拠点作り	製造業進出　現地雇用、外貨獲得	
民間製造業（自動車）			ベトナム
民間インフラ事業者	2 インフラ整備	インフラ関連企業進出　電気、下水道、道路	
官民インフラ整備 商社、銀行			ミャンマー　　カンボジア　　ラオス
	1 政府政策転換	海外企業誘致　外資系企業の優遇	
	発展途上国	先進国政府の支援　ＯＤＡ（日本政府開発援助）	

ＯＤＡ：Official　Development　Assistance　資金（贈与・貸付）、技術提供実施

（出所）「グローバル・マーケティングの基本」2021 日本実業出版社筆者追記

6　海外市場における標準化活動と適応化活動

　アジアの市場には相関関係（一方が変化すれば他方も変化）のある共通性要因とその地域独自の差異性要因が存在している。差異性要因には相関関係はないと考えられる。共通性要因はマクロ環境の経済要因面での代表的なものとして、まず国民の豊かさの指標である１人当たりのＧＤＰが挙げられる。その国や地域においての人口、世帯数も重要な共通性要因である。その他、国や地域においての技術水準等がある。ミクロ環境では当該市場の規模などがある。これは当該市場においてどれくらいの需要が見込めるのかを推計する。企業活動の可能性の判断基準である。差異性要因としてマクロ環境からその地域独自の考え方パターンとしての文化的要因やその国や地域の位置する場所から影響を受ける自然要因がある。また国家が運営されるための政治体制も差異性要因として挙げられる。差異性要因としてミクロ環境では嗜好傾向に代表される市場での特性がある。通常、企業はこの市場特性を考慮しない活動では効果を上げることはできない。

したがって、企業活動はこれらの共通性要因と差異性要因を把握しながら、戦略を立案していくことになる。

図表　Ⅰ－11 標準化活動と適応化活動

	共通の標準化された活動	国毎に適応化された活動
環境構造	共通性要因（相関関係あり）	差異性要因
	相関関係：一方が変化すれば他方も変化	
マクロ環境	経済要因（1人当GDP） 技術　　人口統計	文化要因（考え方パターン） 自然要因　　政治要因
ミクロ環境	市場需要（市場規模）	市場特性（購買者嗜好）
企業行動	標準化戦略　　　　　適応化戦略 両戦略の組み合わせ	

（出所）「グローバル・マーケティング」国元書房2004

　共通性と差異性は入手することのできる様々なデータから類推することができる。共通性・差異性の識別項目データの経済要因に分類される1人当たりのGDPを例にとると中国の市場では1,000$を超えるとバイクが売れだし、3,000$超えると高度成長のスタート期を迎え、7,000$を超えるとペット関連のビジネスが活発化する傾向がみられた。同時に多くの地域で7,000$超になると当該国から海外に出稼ぎに出る国民は減少を始める。

　識別項目データの技術要因に分類される1人当たりの科学技術開発費から当該地域の技術水準を類推する。

　識別項目データの人口統計要因である人口数、世帯人口数からは市場規模が把握される。また、平均寿命から市場の成熟度や先進度合を推定することもできる。ちなみに先進国は長寿社会であるといわれている。日本はこの傾向高いことがよく知られているところである。また、国の義務教育や就学年数からも市場の傾向を読み取ることが可能である。

　識別項目データの文化要因に分類される離職率や勤続年数などの社会・職業の

安定志向では労働市場や雇用環境などが把握可能である。日本人は同志向が高いといわれている。

　識別項目データの自然要因では気温、降水量や人口密度からマーケットの特性を知ることができる。

図表　Ⅰ－12 共通性・差異性の識別項目（データ）

主要環境要因における代表する項目（データ）
共通性・差異性の識別

環境要因	代表的数値	
経済要因	**1人当たりGDP** 1000＄バイク売れ始める、3000＄高度成長テイクオフ、7000＄ペット関連（中国市場）	7000＄超 海外への 出稼ぎ者減少
技術要因	**1人当たり科学技術開発費**	技術水準
人口統計要因	**平均寿命、世帯人員数 就学年数**	先進国は 長寿社会
文化要因	**社会・職業安定性志向** （日本は高い）	
自然要因	**人口密度・気温・降水量**	

（出所）「グローバル・マーケティング」国元書房2004　筆者追記

7　マーケティング活動においての標準化と適応化
（1）国際マーケティングにおける4P

　マーケティング活動や政策の内容は、製品（product）、価格（price）、流通（place）、プロモーション（promotion）が主要素になる。この内容を英語の頭文字をとって4Pと略称される。前の2つは作るパワー、後ろの2つは売るパワーの源泉とも理解することができる。

　この4Pに沿って国際マーケティングにおける標準化と適応化を整理してみる。

1．製品

　標準化では共通の標準化したモデルを準備するだけであるが、適応化する場合はその国の嗜好に対応した外形・デザイン・色・内装等に変更していく。製

品の競争力が市場での優劣を決める。

2．価格

　標準化では共通の標準化した価格を準備するだけであるが、適応化する場合はその国の市場価格や競争状況に対応価格に変更していく。価格の競争力が市場での優劣を決める。

3．流通

　標準化では共通の標準化した流通経路を準備するだけであるが、適応化する場合はその国の流通の形態や商慣習に対応した経路に変更していく。流通経路の優位性が市場での優劣を決める。

4．プロモーション

　標準化では共通の標準化したプロモーションを準備するだけであるが、適応化する場合はその国の市場特性や文化に対応した態度や表現方法等に変更していく。プロモーションの優位性が市場での優劣を決める。

図表 Ⅰ－13　国際マーケティングの4P

標準化・適応化時のマーケティング4P比較

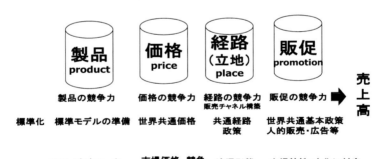

（2）製品要素における標準化と適応化

　製品の要素は中核的製品、実質的製品、拡大的製品の3つから成り立っている。各要素の市場における標準化と適応化の可能性について整理してみる。中核的製品とは製品そのものが有している本質的な機能や技術である。例えば洗剤であれ

ば汚れを落とし清潔なものに変化させるということがこれに当る。実質的製品は
その製品の特性、形状、重量、サイズ、ブランド、デザイン、パッケージ、付加
機能、機能省略などにより製品そのものの実態を構成する。拡大的製品はオプショ
ン、納期、流通方式、メンテナンスの仕組み、保障内容と方法、アフターサービ
ス等支援サービス、環境への影響など製品に付随した内容や外部への影響等によ
り構成される。

　要素のなかの中核的機能は標準化される場合が多く、製品の実質的な内容や拡
大的製品部分については現地に適応化していく可能性が高くなる。したがって、
現地での適応化は拡大的製品→実質的製品→中核的製品の順にすすめていくこと
になる。

図表　Ⅰ－14 国際マーケティングにおける標準化と適応化可能性

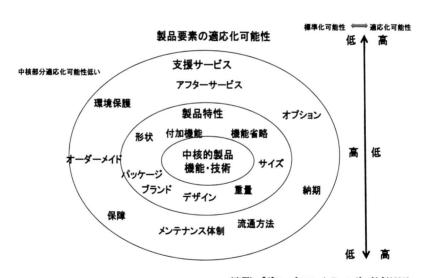

　製品の標準化と適応化の循環や流れをみると、ある国で生み出された規格化さ
れたモデルは進出した他国で現地情報や知識を得て修正され改良や現地化される。
その結果、現地適応化が実現する。現地適応化した製品を通して当地でのコミュ

ニケーションが行われ、知識の移転がされる。この知識移転により新たな規格が
開発されて世界で利用可能な標準化が行われることになる。このサイクルにより
規格されたモデルは洗練されて完成度が高まっていく。

図表 Ⅰ－15 国際マーケティングにおける標準化と適応化サイクル

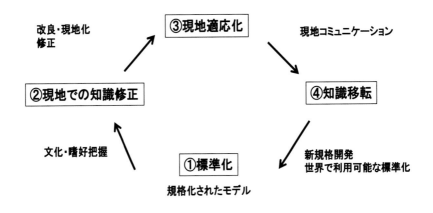

（出所）「グローバルマーケティング」創成社2012

8　購買者嗜好の異なり

　購買者嗜好の把握内容にはその国や地域、購買者にとって快適なサイズ、重量
などの形状、デザイン、カラー、性能、機能の各要素が存在する。デザインにお
いては先進的性のあるものかオーソドックスなタイプを好むのかを把握する。カ
ラーにおいても色や明るさや鮮やかさに対しての好みの違いを把握する。具体的
には色相や明度、彩度、寒色系なのか暖色系かを把握する。また価格要素とも関
係してくるが、製品そのものが持つ基本性能を重視する傾向にあるのか、製品に
備えてある各種の機能を重視するのか購買者の好みを理解しなければならない。
また、機能についても単純性を好むのか複雑性を好むのかで製品の規格は異なっ
てくる。

図表　Ⅰ－16　購買者の製品嗜好の把握内容

	嗜好	内容例
形状	大 重い 鋭角	小 軽い 丸み
デザイン	先進性	オーソドックス
カラー	色相、明度、彩度	暖色、寒色
性能	基本性能重視	機能重視
機能	単純	複雑

（出所）「グローバル・マーケティング」国元書房2004　筆者追記

　国民性からの好みについて中国人を例にとると、好みの色は素朴より華美が好まれるので金色や赤色を挙げることができる。製品のサイズは大きな方が好まれ、その国や地域で一番のものへの関心は高い。一般的に食べ物については冷たいものは敬遠され、温かいものが好まれる。

　来日する中国人の行動からも好みや傾向を知ることができる。まず日本に対して好感を持っていることとしてきれいな水がある。丁寧なもてなしを受けられ、健康的な和食を食べられる温泉地、製品では日本酒、家電製品、化粧品、健康食品など健康関連の商品、加工食品などを挙げることができる。

図表　Ⅰ－17　製品市場特性（購買者嗜好）の把握（中国の例）

中国人が好きなもの例　全般	
色　　金、赤	素朴より華美
数字　　8	
サイズ　大きいもの	一番のもの
飲食物　温かいもの	

中国人が好きな日本のもの例　全般
温泉（きれいな水、丁寧なもてなし、健康的な和食）
日本酒
家電製品
化粧品
健康関連商品
加工食品

9 文化的差異性

（1）宗教による文化的差異性

図表 Ⅰ－18 宗教別人口

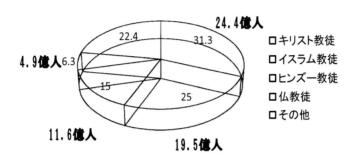

世界の宗教別人口

□キリスト教徒
□イスラム教徒
□ヒンズー教徒
□仏教徒
□その他

　2021 年の世界の総人口は 76 億 7,696 万人である（世界保健統計 2021 年版 WTO）。

　現在世界の宗教別人口はキリスト教徒が 24 億 4,0000 万人（31.3%）、イスラム教徒が 19 億 5,000 万人（25.0%）、ヒンズー教徒が 11 億 6,000 万人（14.9%）、仏教徒が 4 億 9,000 万人（6.3%）と推定される。このなかでもキリスト教、イスラム教、仏教は世界の三大宗教と呼ばれる。これは信者数の多い順ではなく、三大宗教は民族、地理を超えて広がっていること、文化的、社会的に及ぼす影響が大きいこと、入信において出自を問わないことなどが特徴とされている。各宗教には独自の決まりや禁止事項が定められていることは既によく知られていることであり、典型的なものとしてイスラム教では豚肉とアルコールが穢れたものとして考えられており、ヒンズー教では牛は神聖視されているため食べてはいけない。またキリスト教系のモルモン教でもアルコール類の摂取が禁止されるなどが定められている。

（2）思考パターンの異なり

図表　Ⅰ－19　思考パターンの異なり

要因	内容	マーケットとの関係
明示・暗示性	明示的表現で意思疎通 暗示的表現で理解求める	論理的アプローチ 情緒的アプローチ
男性・女性性	攻撃的態度・直接的接近 やさしい態度・間接的接近	製品の大きさ・重さ、攻撃的形状 製品の小ささ・軽さ、丸い角形状
重点・詳細性	基本的点を重視、単純性好む 詳細点拘り、複雑性好む	製品の基本性能、単純機能好む 詳細で複雑な機能を好む
厳密・柔軟性	信頼性を重視、契約遵守 信頼性を軽視、再交渉可能	流通チャネル合意契約遵守 流通チャネル合意契約遵守しない
個人・集団性	個人の意見や個性を重視 集団のなかで他の人との調和重視	意思決定はトップ個人、実行早い 意思決定はコンセンサスで行う

情緒的:感情の動き

(出所)「グローバル・マーケティング」国元書房2004筆者追記

　国や地域により思考のパターンに異なりがみられる。明示性思考のパターンではマーケットに対して論理的なアプローチで意思疎通が図られるが暗示性思考のパターンではマーケットに情緒的なアプローチを行い暗示的表現で理解求める。

　男性性思考のパターンでは製品の大きさや重さ、攻撃的デザイン形状や攻撃的な態度で直接的接近が図られるが女性性思考のパターンでは製品の小ささや軽さ、丸いデザイン形状ややさしい態度で間接的接近が図られる。

　重点性思考のパターンでは製品の基本性能、基本的点を重視し、単純性が好まれるが詳細性志向のパターンでは詳細で複雑な機能が好まれ、詳細点に拘った複雑性が好まれる。

厳密性思考のパターンでは信頼性が重視され、その結果契約が遵守される。商品流通においても流通チャネル合意契約が遵守される。柔軟性志向のパターンでは詳細で複雑な機能が好まれ、詳細点に拘った複雑性が好まれる。

図表　Ⅰ－20　思考パターンの異なりへの留意点（タイの例）

コミュニケーション留意点
（聞き取り先：ジェトロバンククセンター）

できないことでも「できる」と言う。
分かったと言っても分かっていない。
例外を一旦認めると普遍化する。
認識の幅が広い。
自分勝手な解釈（文章にして残す）。
変わり身の早さ。
本音をなかなか言わない。
要求する場合には具体的に。
メンツに拘る
ホウ・レン・ソウが浸透しにくい。
予見と分析力に乏しい。
仕事に対する、義務感、責任感に乏しい。
時間にルーズ。
技術の継承がすすみにくい。

思考の傾向例

明示・暗示性
ストレート、周辺的

男性・女性性
俯瞰的、直感的

重点・詳細性
細かいことに拘る

厳密・柔軟性
硬直、しなやか

個人・集団性
日本人は集団性強い

不確実回避性
リスクへの態度

コミュニケーション時の留意点

経営理念や経営方針の伝達
現地人幹部を交えた会議の定期的開催
要望などの吸い上げ
従業員の冠婚葬祭、会社外行事への積極的関与
自分達（現地人）のことも考えて経営を行っていることを理解させる

日本人は暗示性・女性性
詳細性・集団性が強い

　図表　Ⅰ－20はタイのバンコクにある独立行政法人日本貿易振興機構
(JETRO)で聞き取り調査をした内容をまとめた図表である。同センターでは進出
日系企業へのアドバイスの一環として情報が提供されている。同国の人に不信感
を持つ内容になっているが、タイに限らず日本以外の国では十分に起こりうるこ
とであるため、以下の内容については留意する必要がある。

　特に他国でコミュニを行う際には日本にある本社の経営理念や経営方針をしっ
かり伝えること、進出国人材を加えての定期的な会議の実施、現地従業員からの
意見や要望の吸い上げを行うこと、現地従業員の冠婚葬祭等会社外行事への積極
的な参加、現地従業員のことも常に考えて事業運営を実施していることを発信し
ていくことが不可欠である。

（3）現地従業員との関係を構築

図表　Ⅰ－21　現地従業員労務管理の基本

現地従業員の労務管理

１．基本スタンス
(1)現地法制度の理解　労働法の異なり　契約・給与

(2)現地労働文化、習慣理解　残業、休日出勤
　　　　　　　　　　　　　　　福利厚生重要
２．日本人従業員との関係
(1)日本親会社の基本方針、社是の浸透
(2)現地の尊重　差別、蔑視はタブー
(3)現地従業員経歴の認識　海外留学経験者、ワーカー層

３．現地従業員の活用
(1)雇用　採用ポジション
(2)給与　給与情報つつぬけ　対策：被対象者意見反映
(3)育成　社内研修（価値を感じる場合も）
(4)研修　日本への留学

　文化的差異性や法制度の異なりを踏まえたうえで現地従業員との関係を構築していかなければならない。現地従業員との労務管理基本スタンスはまず現地の法制度を理解することから始まる。国により労働法に異なりがあり雇用契約面、給与面等で反映していく必要がある。次に残業や休日出勤への考え方といった現地の労働文化や習慣について把握し、対応することなどが挙げられる。

　日本人従業員と現地従業員の関係では日本の親会社の基本方針や社是の浸透が求められる。その場合、現地を尊重し、差別、蔑視は行ってはいけない。現地従業員の叱責についても最新の注意を払う必要がある。現地従業員を貴重な戦力にしていくためには従業員個々の経歴、例えば海外留学経験者、ワーカー層等の認識や把握しておかなければならない。

　現地従業員の活用においての留意点として、まず雇用時の採用ポジションが挙

げられる。給与面では現地従業員間では常に給与情報つつぬけであることを認識したうえで、被対象者意見反映をさせる等の対策を検討しておかなければならない。

　現地従業員の育成面では本人が価値を感じる場合も多いため、社内研修の仕組みが必要であり、日本への留学制度などモチベーション向上への継続的な取組が求められる。

[**本章の課題問題**]

1　日本企業の海外活動必要性について説明してください。

2　国内市場と海外市場でのアプローチの異なりについて説明してください。

3　海外活動の標準化と適応化について説明してください。

第Ⅱ章　国際マーケティングへの影響要因

1　4つの外部環境要因

　まず、企業が国際化へのマーケティング活動を行うときには次の大きな4つの要因の影響を受けることが考えられる。

図表Ⅱ－1　マーケティングへの影響要因として4つの外部環境

マーケティングへの影響要因	政治的要因 （political factor） 経済的要因 （economical factor） 社会的要因 （social factor） 技術的要因 （technological factor）

　外部環境要因の分析を進めていくうえでよく使われるフレームワーク（framework）には、「産業や事業領域で作用している力」による分析がある。これは事業環境規定要因ともいうべき、業界構造の変化に影響を及ぼすパワーに焦点を当てて、今後どのような変化が対象とする業界に起こっていくのかを解明するものである。大きく分けて、政治的要因、経済的要因、社会的要因、技術的要因がある。

（1）政治的要因（political factor）

　政治的要因には代表的なものとしてＧＤＰ比政府支出などがあるが、市場参入への仕組みや方法ともいわれるマーケティングシステムの変化がある。たとえば、規制の変更は要因の一つとして業界構造の将来変化を想定するうえできわめて重要な要素である。たとえ、自動車産業を例にとると、排ガス規制の問題やリサイクル法の施行など PL 責任も含めたさまざまな規制環境の変化はその業界全体の今後の進展に大きな影響を及ぼす。

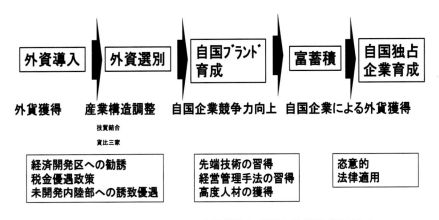

外資導入政策

| 外資導入 | 外資選別 | 自国ブランド育成 | 富蓄積 | 自国独占企業育成 |

外貨獲得　　　産業構造調整　　自国企業競争力向上　自国企業による外貨獲得

技貿結合
貨比三家

経済開発区への勧誘
税金優遇政策
未開発内陸部への誘致優遇

先端技術の習得
経営管理手法の習得
高度人材の獲得

恣意的
法律適用

1979年経済開発区：外国資本・技術導入が認められる
外国深セン（広東省）、汕頭（広東省）、珠海（広東省）、厦門（福建省）

　政策の変更は、大きく社会を変動させる可能性を持っているだけに、政策の大きな流れを的確につかみ、今後変更される内容の予測をも必要とされる。

　図表Ⅱ-2は中国の外資導入政策の変遷を整理した表である。この変遷を例にとると、当初は税金の優遇政策により経済開発区の勧誘が積極的に行われた。1979年経済開発区：外国資本・技術導入が認められる地域に深セン（広東省）、汕頭（広東省）、珠海（広東省）、厦門（福建省）　を指定した。

　次に未開発であった内陸部への誘致優遇が活発化した。「技貿結合政策」（中国政府は国内企業の育成や国際競争力を向上させるため、中国と貿易して、モノを販売するには技術を開示、提供する必要がある）との考え方で先端技術、経営管理手法の習得が行われ。「貨比三家政策」で外資企業の選別が行われた。同時に高度人材の獲得にも乗り出した。その結果、自国でのブランディングを行い、自国

独占企業が育成されている。時に恣意的な法律適用により外貨の獲得もなされることになった。

　従って、政策の変更が脅威となるならば、今までのシェアを維持する事は困難になってくる。そのときはターゲットとしていた市場の設定を変化させることも検討しなければならない。

（2）経済的要因（economical factor）

　経済的要因では１人当たりＧＤＰに注目しなければならない。アジア各国の同数値は着実に上昇を続けている。したがって、この１人当たりＧＤＰはその国の平均的な豊かさを示す指標といえる。日本貿易振興機構アジア経済研究所の「アジア動向年報」2019 年版　では各国の１人当たりのＧＤＰが報告されている。

　世界銀行の分類によればすでにマレーシア、中国、タイ、インドネシアは「上位中所得国」、フィリピン、ベトナム、インド、ラオス、ミャンマーは「下位中所得国」に位置付けられている（同分類では低所得国は約 11 万円以下）。

図表Ⅱ－3　アジア各国の一人当たりＧＤＰ推移

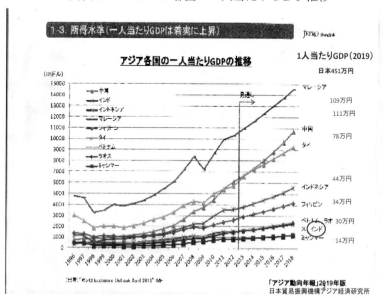

今後業界を取り巻く経済環境がどのように推移していくのかを見きわめる。た
とえば、デフレ傾向なのか、あるいは円高傾向で輸出などの落ち込みが予想され
るのか、消費者物価がどのような推移をたどっていくのかということなどを分析
する。

　海外との輸出入に業界収入が大きく依存している場合は為替水準の動向も重要
な要素である。また、対象市場として国内よりも海外を念頭に置いている産業の
場合には、その対象となる海外市場の経済状況が重要な指標となる。

　アジア地域で世帯可処分所得5,000$以上の人口は1990年には1億8,000万人
にしかいなかったが、2010年に9億4,000万人に増加し、2020年には18億人に
まで増加している。

　したがって、2030年には中間層は30億人まで拡大されることが予測される。
アジアでは可処分所得が5,000$を超えると各種家電製品の保有率が急上昇し、
7,000$を超えると外食や教育、レジャー関連ビジネス、ペット関連ビジネスが急
上昇し、12,000$を超えるとヘルスケア分野の消費が高まることが知られている。

図表Ⅱ－4 アジア地域　世帯可処分所得5，000＄以上の人口規模年比較

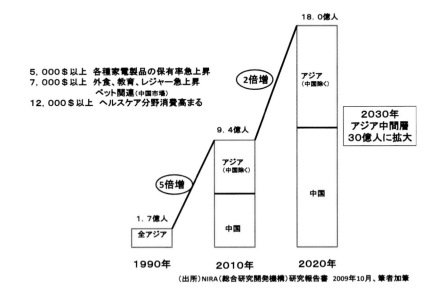

（出所）NIRA（総合研究開発機構）研究報告書　2009年10月、筆者加筆

（3）社会的要因（social factor）

　社会的要因には平均寿命、世帯当たり人員、就学年数、人口密度、気温、宗教などがある。

　消費者構造の変化、あるいは消費者の購買行動の変化にその業界における今後の構造変化を促す要因が隠れている場合がある。たとえば、日本の高齢社会の進展や市場の成熟化に伴う消費者ニーズの多様化等、多くの変化が時として産業全体の構造変化を促す場合も少なくない。

　発展途上の社会では多くの場合、市場での需要が企業からの供給を上回り、市場に存在するすべての顧客の需要を満たすことに困難なことが多い。そこでは供給サイドがいかに効率的に市場に対して製品を流通・分配していくのかが大きなテーマになる。

　成熟社会では逆に市場の需要より企業からの供給が上回り、市場では商品が溢れており市場にいる顧客にとって、よりベネフィット（Benefit：効果）のある製品が選ばれることになる。

図表Ⅱ－5　市場成熟度の違いよる顧客満足の異なり

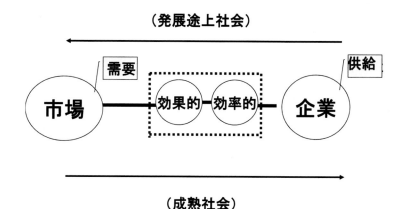

アジア諸国の経済・産業発展が加わり、日本の国際競争力が相対的に低下してきている。わが国はその発展の場を海外に求めるだけではなく、国内でも人材や技術、情報などの各種経営資源を最大限に有効活用した循環再生産できる仕組みづくりが現在、求められてきている。

さまざまな業界で起こりつつあるグローバル化の進展の程度や技術を含めた投資コストの上昇に伴い、競争に必要とされる事業規模を的確に見きわめなければならない。

（4）技術的要因（technological factor）

代表的なものに科学技術者人口などがある。エレクトロニクスの分野を例にとると、現在アナログからデジタルへの変化が急速に進んでいる。同分野では企業の対応の違いによる栄枯盛衰が生じている。

通信、情報、輸送技術などの革新的発展により、経営資源の流れが時間や空間を越えて瞬時に、しかもグローバルに展開するようになってきた。

2　国際マーケティング環境、政治的・法律的環境の4要素
（1）国際取引に対する態度

発展途上国では通常、投資インセンティブや立地条件の整備などを供与し海外投資の誘引が行われるケースは多い。あるいは、逆に輸入業者に対する輸入割当や通貨管理フロート制（自国の通貨の変動幅を固定、その幅の範囲内で各国の通貨を取引する）の導入や経営陣に占める現地人の割合を高める条項を政府が決定するケースも見受けられる。

アジアにおける小売業への分野別規制をみると商業、サービス業の分野では自国産業保護の視点が強く、出店規制、外資規制、品目別規制等が存在している。例えば、中国ではフランチャイズ展開の場合、2店舗以上の直営店と1年以上の経営実績が必要とされる出店規制や卸、小売りとも煙草は外資では販売できない品目規制がある。ベトナムでは2店目以降の出店はENT（Economic　Needs Test）認可が必要という出店規制や酒、煙草、家電等主要商品が品目規制の対象となっている。タイでは出店可能な場所が限定される店舗立地の規制があり、煙

草、酒の販売は許可制である。マレーシアではコンビニ業界の外資参入は不可、各業態の最低資本金の最低条件を満たさなければならないという外資規制があり、ブミプトラ（土地の子：マレーシア政府によるマレー人優先政策）製品を一定割合買わなければならない品目規制が存在する。

図表Ⅱ－6　新興国における小売業の国別・分野別規制

	出店規制	外資規制	品目規制	その他課題
中国	○FC展開の際には、2店舗以上の直営店と1年以上の経営実績が必要	○2004年以降、卸・小売業の独資での参入が可能に	○外資は卸・小売とも煙草の販売不可	○物流インフラ・コールドチェーンが未発達 ○通関等、現地の役人の裁量によるところがある
ベトナム	○2店目以降の出店はENT（Economic NeedsTest）の認可が必要	○2009年1月より100%外資による企業設立が可能に	○酒、煙草、家電類等主要商品が規制対象	○物流インフラ・コールドチェーンが未発達 ○不動産コスト（地代等）が高い ○労務問題 ○申請手続きが煩雑
インドネシア	○店舗の立地規制あり（出店可能な場所が指定）	○百貨店、ショッピングセンター、スーパーマーケットは面積基準を満たせば独資での参入が可能 ○ただしコンビニエンスストアは不可	○米、パン等の食料品、衣料、靴、文房具等の日用品、自動車等、多岐にわたる販売規制あり	○労務問題（解雇不可、撤退時には従業員への補償が必要、賃金が一度決まると変更不可） ○物流インフラ・コールドチェーンが未発達 ○コミッション社会 ○高い税負担 ○フランチャイズ業態での事業展開に制限あり
インド		○2012年9月、マルチブランド小売業に対する外資参入を容認（但し、出店地域の制約やバックエンド・インフラへの投資義務等が付され、依然として出店が困難な状況）		○物流インフラ・コールドチェーンが未発達 ○商品情報の整備及び管理が課題 ○税制が複雑
タイ	○店舗の立地規制あり（出店可能な場所が指定）	○条件を満たせば外資100%での小売業設立は可能。ただし食品・飲料の販売はタイ企業にしか認められておらず、現地企業との合弁形態をとるケースが多い	○煙草や酒の販売は許可制	○物流インフラ・コールドチェーンが未発達 ○税制が複雑
フィリピン		○資本金や親会社の規模が一定以上であれば外資100%での小売業設立は可能		○物流インフラ・コールドチェーンが未発達 ○高い税負担
マレーシア		○コンビニ業界の外資参入は不可 ○各業態の最低資本条件を満たす必要あり	○ブミプトラ製品を一定割合買う必要あり	○店舗の床面積について、業態ごとに規制あり
ミャンマー		○外資100%可。合弁企業の場合は外資比率35%以上が条件		○政情が不安定
カンボジア		○原則規制なし		○物流インフラ・コールドチェーンが未整備 ○現地での商品調達が困難 ○土地所有形態に制限あり
トルコ		○原則規制なし		○外国人・外国企業による不動産購入に制限あり

資料：経済産業省「産業構造審議会流通部会（第6回）参考資料」より転載。

　ミャンマー経済・貿易省は、2018年5月12日に外資100%または合弁により小売・卸事業を行うことを許可。外資の比率が80%以上で小売業を行う場合は、資本金を300万米$以上、卸し事業を行う場合は、500万米$以上と設定した。床面積900㎡以上のスーパーは許可されるが、小規模のコンビニエンスストアは許可されない。

同国営企業法において、ミャンマー政府から認められた場合を除き、原則として、次の12分野への民間企業の参入は認められない。

チーク材の伐採とその販売・輸出（山間部は宝庫、貴重な輸出品）、家庭消費用薪材を除くすべての植林および森林管理、石油・天然ガスの採掘・販売、真珠・ひすい、その他宝石の採掘・輸出、魚・エビの養殖、郵便・通信事業、航空・鉄道事業、銀行・保険事業、ラジオ・テレビ放送事業、金属の採掘・精錬と輸出、発電事業、治安・国防上必要な産品の生産がある。

図表Ⅱ-7 海外投資誘因のためのベトナムのＥＰＥ制度

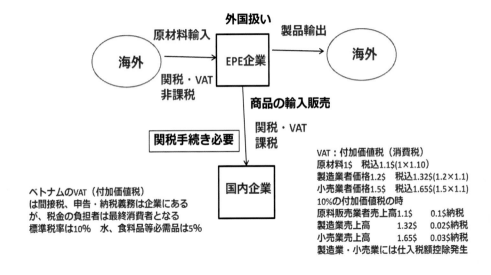

一方、製造業分野では外貨獲得のため優遇制度を設けている国は多い。例えば、ベトナムにおいての海外投資誘因制度ではＥＰＥ（Export　Processing Enterprise／輸出加工企業）制度がある。工業団地、経済区内において活動する場合、そのエリアは外国扱いになり、付加価値税、関税が非課税となる。しかし商品の輸入、国内企業への販売には通常通りの付加価値税、関税が課税される。

フィリピンにおいてもベトナムと同様に製造業に対しての投資優遇策があり、ＰＥＺＡ（経済特別区庁）は輸出型製造業に適している法人所得税免除、軽減税

制度、付加価値税免除等を実施している。ＢＯＩ（投資委員会）は経済特別で無い場合の投資優遇策として、輸出、農業、エネルギー、インフラ、自動車産業等への法人所得税免除等の優遇策が設けられている。

図表Ⅱ－8 アジア主要地域法人税率（地方税含）、所得税率、付加価値税率

	法定実行税率(%)	所得税率(%)	付加価値税率(%)	
日本	35.64	5〜45	10	
中国	25.0	5〜45	17	
韓国	24.2	8〜35	10	
台湾	17.0	6〜40	5	日本は
フィリピン	30.0	5〜32	12	個人所得税 5%〜45%の累進課税
タイ	32.44	0〜37	7	贈与税 10%〜55%
シンガポール	17.0	4〜21	7	付加価値税　10%
ベトナム	25.0	0〜40	0〜10	
インドネシア	25.0	5〜35	10	
マレーシア		0〜28	5〜20	
ラオス			10	
ミャンマー			5	
インド	32.44	0〜30	12.5	

＊法定実行税率：法人税＋住民税＋事業税

　図表Ⅱ－8 アジア主要地域法人税率（地方税含）、所得税率、付加価値税率を示した表である。

　日本では個人所得税は所得額に応じて控除額が設定され、5%〜45%の累進課税制度となっている。アジアの各国においても0〜45%の範囲内で税が課せられている。日本では付加価値税（消費税）は10%であるが、アジアの各国においても0〜20%の範囲内で税が課せられている。

　特に企業活動に大きな影響を与え法定実行税率（法人税＋住民税＋事業税）は

総合的な税率を指す。日本では 35.64%（2014 年）であるがアジアの各国において
も 17～32.44%の範囲内の税率となっている。台湾やシンガポールではこの税
率が低く抑えられているため企業活動のメリットになっている。

（2）政治的安定性

図表Ⅱ－9 アジア諸国カントリーリスク評価（（独）日本貿易保険 NEXI）

**日本貿易保険がOECD（経済協力開発機構）の評価の基に決定
保険料率、「引受方針」を国カテゴリーを基準に決めている**

カテゴリー(ランク)	国名
A	日本 シンガポール
B	台湾 韓国
C	中華人民共和国 香港 マレーシア ブルネイ マカオ
D	タイ フィリピン インドネシア インド
E	ベトナム
F	バングラデシュ
G	モンゴル カンボジア ミャンマー スリランカ ブータン
H	北朝鮮 ラオス パキスタン

**カントリーリスク：企業が外国の事業に投融資、貿易の際に相手国・地域の政治や社会、経済状況
の変化に伴い、損害を被ったり資金が回収できなくなったりする危険性の度合い
要因として政権交代による経済・通商政策変更、戦争・内乱による政治不安定化
法制や税制の解釈・運用相違、商慣行やマナーの違い、外国企業への国民感情
2020年2月時点**

相手国の政府は時おり横暴ともいえるやり方で政策を変更することがある。外
国企業の財産を没収される。保有する通貨の凍結をされ、輸入割当や新たな義務
が付加されるといったリスクがある。

カントリーリスクには企業が外国の事業に投融資、貿易の際に相手国・地域の
政治や社会、経済状況の変化に伴い、損害を被ったり資金が回収できなくなった
りする危険性の度合い要因として政権交代による経済・通商政策変更、戦争・内
乱による政治不安定化、法制や税制の解釈・運用相違、商慣行やマナーの違い、

外国企業への国民感情などが存在している。

　独立行政法人日本貿易保険では毎年、国毎のリスク評価し、ランク付けを行っている。これはOECD（経済協力開発機構：1,900名超の専門家を抱える世界最大のシンクタンク）の評価を基に決定され、保険料率や引受方針を決める。

　ミャンマーでは2021年2月にクーデターがあり、軍事政権が復活した。2011年民主政権発足以降、経済援助や各国からの投資が活発化し、同国の経済成長が期待されていた。しかし2021年10月にはドイツのメトロやノルウェー企業の携帯事業からの表明がなされている。ミャンマーのカントリーリスクは高まった。

　図表Ⅱ－10はアジア各国の報道の自由度のランキングを表している。一番自由度が高いと評価されているのは台湾であり、韓国、日本、香港と続いている。一方、自由度ランキングが一番低いのは北朝鮮であり、中国、ベトナム、ラオスと続いている。このランキングはその国の政治体制や運営方法に大きく影響を受けていると考えられる。

図表Ⅱ－10 アジア地域の報道の自由度

東アジアの報道の自由度ランキング（2018）

	国名	世界ランク
1	台湾	42
2	韓国	43
3	日本	67
4	香港	70
5	インドネシア	124
6	フィリピン	133
7	ミャンマー	137
8	タイ	140
9	カンボジア	142
10	マレーシア	145
11	シンガポール	151
12	ラオス	170
13	ベトナム	175
14	中国	176
15	北朝鮮	180

出所) World Press Freedom Index 2018
Reporters Without Borders, Feb.2018

（3）通貨規制

　政府は場合によっては自国通貨を凍結し、外国通貨と交換することを禁止することがある。一般的には、販売業者は自分たちが使える通貨で利益を実現しようとする。最もよいのは、販売業者が自国通貨で支払いが可能な場合である。閉鎖通貨制（外貨送金、外貨流通や外貨交換の禁止）は最悪の場合であるが、販売業者は赤字覚悟で他の国に売らざるをえないという市場性のない商品の形で相手国からその支払いを受け取らなければならない。このような通貨規制に加えて、為替（交換比率）の変動によっても輸出業者に対し大きな危険が生まれることもある。

（4）政府の官僚制

図表Ⅱ－11 アジア主要地域汚職度指数

低い順	国名	2017指数2012	
1	シンガポール	6	5
2	日本	20	17
3	マレーシア	62	54
4	中国	77	80
5	インドネシア	96	118
6	タイ	96	88
7	ベトナム	107	123
8	フィリピン	111	105
9	ミャンマー	130	172
10	ラオス	135	172
11	バングラデシュ	143	144
12	カンボジア	171	174
13	北朝鮮	171	174

公務員2,500チャット以上もらってはダメ181円

出所：2019年2月ジェトロヤンゴン

　相手国の政府が海外企業を助成するために効率的なシステムをどの程度まで実施しているかということである。すなわち、効率的な関税手続、十分な市場情報、事業を行なう上で有利なその他の諸要素などである。

　アジア主要地域の公務員と政治家の汚職度、腐敗認識指数をみると汚職度、腐敗認識指数が一番低いのはシンガポールであり、次に日本が位置する。マレーシア、中国、インドネシアが低いグループにいる。逆に汚職度、腐敗認識指数が一番高いのは北朝鮮であり、次にカンボジア、バングラデシュ、ラオス、ミャンマーが位置する。ジェトロヤンゴンの資料によると、ミャンマーでは公務員は 2,500 チャット（181 円）以上のものを貰うことが禁止されている。

[本章の課題問題]

1　マクロ環境変化を 4 つの視点（P, E, S, T）で網羅的に把握し、現在起こっている事象、今後 3〜5 年先に起こりえる事業等市場に与える影響を分析してください。

PEST（マクロ環境）分析　フォーム

対象	進出国
P 政治・規制要因	
E 経済要因	
S 社会要因	
T 技術要因	

2　政治的・法律環境的要素からの影響について説明してください。

3　カントリーリスクについて説明してください。

第Ⅲ章　貿易システムと経済統計からのマクロ環境把握

1　中堅中小企業のグローバル市場進出手順

　中小企業のグローバル市場への進出について述べる前にまず国際化の手順を整理してみよう。国際化手順はまず、マーケティング環境の把握からスタートする必要がある。

図表Ⅲ－1　国際化へのマーケティング活動手順

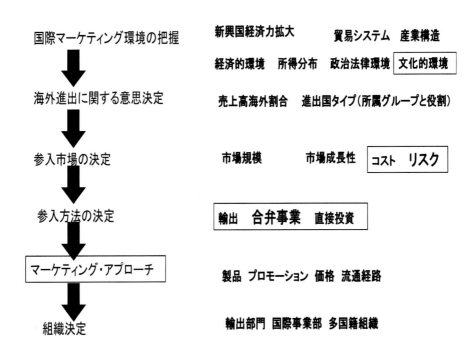

　企業はさまざまな理由から国際マーケティングに乗り出している。企業のなかには国内市場にあまり機会が存在しないという理由から海外進出を行ない、海外のほうが国内に比べて魅力的な機会が存在する場合に海外で事業を行なっている。グローバル化にはリスクがつきまとうので企業は国際マーケティングに関してシスティマティックな意思決定が求められる。

図表Ⅲ－2　日系企業の国別拠点数

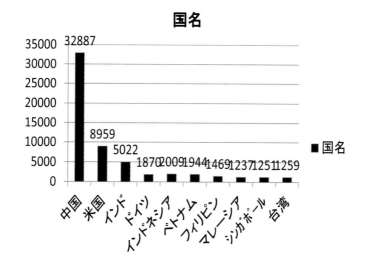

2019年主要国別日系企業(拠点)数上位10か国

2020年9月ジェトロ資料

　まず、国際マーケティング環境、とくに国際貿易システムについて理解しておかなければならない。特定の海外市場に進出を考える場合にその国の経済的、政治・法律的、文化的特徴についての評価を行う。

　次に企業が求める総売上高に占める海外市場で得られる割合を考慮し、その事業を限定した国で行なうのか、または多くの国で行なうのか、そしてどんな国に

市場導入したいのか、を考慮しなければならない。

　また、どの特定市場に参入するかを決定することであるが、ここでは危険水準に対しておよその投下資本利益率（Return　On　Invested　Capital：投下した資本からどれだけ利益を生み出すか測る指標）を評価する必要がある。

　図表Ⅲ－2は日系企業の国別拠点数上位10か国を表す図表である。日系企業が最大の拠点数を設けている国は中国であり、32,877か所である。アメリカが8,959か所、インドが5,022か所、インドネシアが2,009か所、ドイツが1,870か所と続く。
上位10か所のうちアジア地域が8か所を占めているが、単に距離的な側面だけではなく、以下の種々のマーケティング環境にについて調査を行い進出先について検討していかなければならない。

2　国際マーケティング環境の調査

　マーケティング環境は企業がコントロールできない外部の要因を指す。この要因にはマクロ環境とミクロ環境が存在する。

（1）マーケティング環境マクロ分析

　企業は海外に売り込むかどうかを決定する前に、多くのことを学ばなければならない。その企業は国際マーケティング環境について徹底的に理解すべきである。国際マーケティング環境は1945年（第二次世界大戦）以降、著しく変化し、新しい機会と新しい問題の双方が発生している。最も重要な変化として、以下の要因が考えられる。
まず国際貿易および投資の急速な伸びにみられる世界経済の国際化ある。次に世界市場における新興国経済力の拡大、通貨の兌換性を改善するための国際金融システムの確立、1973年以降の世界収入の産油国へのシフト、海外の競合他社から国内市場を保護するために設けられた貿易障壁増大などを考慮する必要がある。
マクロ環境変化を4つの視点で網羅的に把握し、企業、団体、業界に与える影響を分析する。現在起こっている事象や、今後3～5年先に起こりえる変化について予測しなければならない。

図表Ⅲ－3 海外進出時の対象国マクロ環境分析

目的:マクロ環境変化を4つの視点で網羅的に把握し、企業に与える影響を分析する

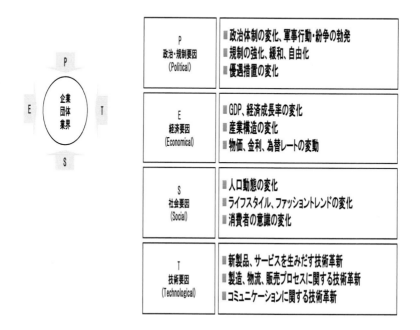

　また、それぞれの国には理解しなければならないユニークな特徴がある。さまざまな製品やサービスに対する国の受け入れ態度、通常外国企業に対する市場としての魅力度はその国の経済的、政治的、法律的、そして文化的環境に依存している。

3　国際貿易システム

　海外に目を向けようとしている企業は国際貿易システムと同様、制約についても理解しなければならない。海外に販売する際に、企業は種々の貿易上の制約を受けることになる。最も一般的な制約は関税であり、それは外国政府が一定の輸入品に対し果す税をいう。関税は収人を増やすためか、若しくは国内企業を保護することを意図している。輸出業者は輸入割当に直面するかもしれない。それは

輸入国がある製品分野で輸入を認めてもよい商品の総量に制限を定めたものである。輸入割当の目的は外国為替を管理し、その国の地域産業や雇用を保護することである。また貿易は利用できる外国為替の額、そして他の通貨に対する交換レートを規制する為替管理によって阻止される。企業はその入札に対する差別や外国製品と区別する製品基準といったような非関税障壁に抵触する場合もある。

図表Ⅲ－4 アジアでの経済連携の枠組み

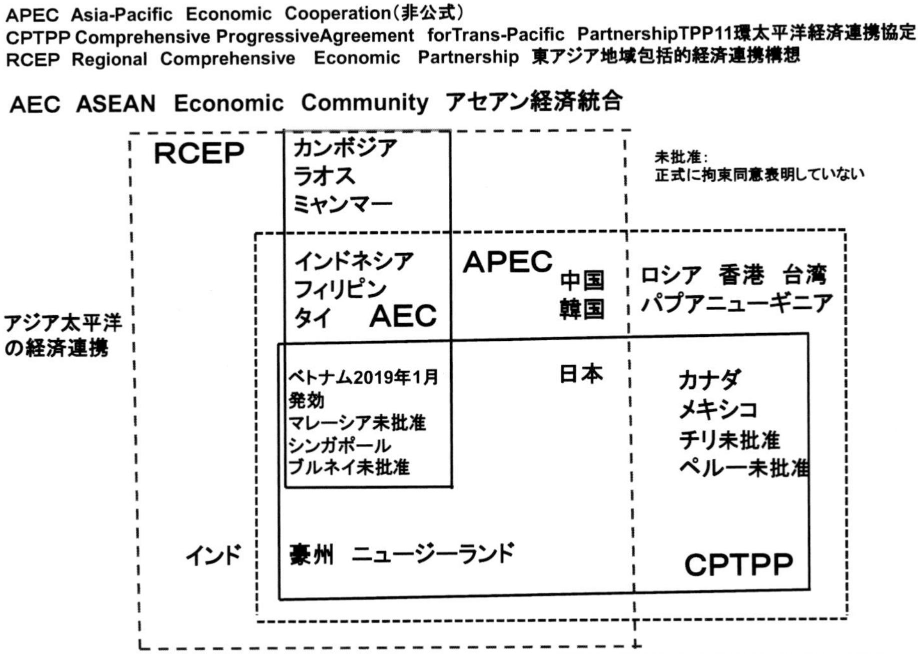
APEC Asia-Pacific Economic Cooperation(非公式)
CPTPP Comprehensive ProgressiveAgreement forTrans-Pacific PartnershipTPP11環太平洋経済連携協定
RCEP Regional Comprehensive Economic Partnership 東アジア地域包括的経済連携構想
AEC ASEAN Economic Community アセアン経済統合
RCEP
カンボジア
ラオス
ミャンマー
未批准:
正式に拘束同意表明していない
インドネシア
フィリピン
タイ AEC
APEC
中国
韓国
ロシア 香港 台湾
パプアニューギニア
アジア太平洋
の経済連携
ベトナム2019年1月
発効
マレーシア未批准
シンガポール
ブルネイ未批准
日本
カナダ
メキシコ
チリ未批准
ペルー未批准
インド
豪州 ニュージーランド
CPTPP

出所 週刊エコノミスト2015 12/8

国際貿易システムを理解するためには経済連携の枠組みを理解しておかなければならない。

図表Ⅲ－4 経済連携の枠組みはアジアを中心にみた経済連携を示している。

＜ＡＰＥＣ（Asia-Pacific　Economic　Cooperation）＞

　アジア太平洋地域の 21 か国と地域が参加する経済協力の枠組みである。事務局はシンガポールに所在している。オーストラリア、ブルネイ、カナダ、チリ、中国、香港、インドネシア、日本、韓国、マレーシア、メキシコ、ニュージーランド、パプアニューギニア、ペルー、フィリピン、ロシア、シンガポール、台湾、タイ、米国、ベトナムの各国で構成される。香港は「ホンコン・チャイナ」、台湾は「チャイニーズ・タイペイ」の名称で参加している。

　ここではアジアアジア太平洋地域の持続可能な成長と繁栄に向けて、貿易・投資の自由化・円滑化や地域経済統合の推進、経済・技術協力等の活動を実施している。

　ＡＰＥＣの取組は、自主的、非拘束的、かつコンセンサスに基づく協力が特徴であり、・ビジネス界と緊密に連携している点も特徴として挙げられる。ビジネス諮問委員会（ABAC）が、ビジネス界の重視する課題を首脳に直接提言を行う。

　日本にとってアジア太平洋地域は、「自由で開かれたインド太平洋」の重要な一部であり、「世界の成長センター」でもある。世界人口の約 4 割、貿易量の約 5 割、ＧＤＰの約 6 割を占める重要な地域といえる 。これまで自由貿易の恩恵を受けて発展を遂げてきた日本は、ＡＰＥＣにおける自由で開かれた貿易・投資の推進、ＷＴＯの機能強化、ＦＴＡＡＰの「道筋」であるＴＰＰ11 及びＲＣＥＰを含めた地域経済統合の推進に関する議論をリードするとともに、国際スタンダードに則った質の高いインフラ、デジタル経済、女性の経済的エンパワーメントの強化等を重視している（2021 年 3 月外務省公開資料）。

＜ＣＰＴＰＰ　環太平洋経済連携協定＞

（Comprehensive Progressive　Agreement　for
Trans-PacificPartnership:TPP11）

　環太平洋パートナーシップ協定は、オーストラリア、ブルネイ、カナダ、チリ、日本、マレーシア、メキシコ、ニュージーランド、ペルー、シンガポール、ベトナム、アメリカ合衆国の間で 2016 年 2 月 4 日に署名された経済連携協定である。2017 年 1 月、アメリカ合衆国は、ＴＰＰから離脱した。

環太平洋パートナーシップ（ＴＰＰ）協定について、離脱を表明した米国以外の国の間で 一部条文を除く同協定の内容を実現するために協定された。 米国の不在に伴い停止する項目を絞り込み、ＴＰＰ協定の高い水準を維持している。

　参加国間で、物品及びサービスの貿易並びに投資の自由化及び円滑化を進めるとともに、幅広い分野で新たなルールを構築するＴＰＰ協定を実施する。

　わが国とって海外の成長市場を取り込み、我が国の未来投資戦略に寄与する。実質ＧＤＰを約 1.5% 押し上げ （約 8 兆円に相当）、労働供給面では約 0.7%（約 46 万人）増加させる効果が見込まれている。

世界で保護主義的傾向が強まる中、自由で公正な 21 世紀型のルールを作っていく上で重要な一歩であり、 米国や他のアジア太平洋諸国・地域に対しても積極的なメッセージになりうる。

1）投資

　投資先の国が投資企業に対し技術移転等を要求することの禁止している。

2）貿易円滑化

　急送貨物の迅速な税関手続 （6 時間以内の引取）が明記される。

3）電子商取引

　国境を越える情報の自由な流通の確保、デジタル・コンテンツへの関税賦課禁止 ソースコード （ソフトウエアの設計図）移転・アクセス要求の禁止、サーバー現地化要求の禁止が明記される。

4）国有企業

　非商業的援助により他の締約国の利益に悪影響を及ぼすことが禁止されている。

5）知的財産

　模倣・偽造品等に対する厳格な規律が設けられている。

　2021 年 9 月現在オーストラリア、カナダ、日本、メキシコ、ニュージーランド、ペルー、シンガポール、ベトナムの 8 か国では国内手続きを完了させて協定が発効している。

2021 年 9 月 16 日、中国が、環太平洋パートナーシップに関する包括的及び先進的な協定（CPTPP）加入を申請した。

<ＲＣＥＰ（Regional Comprehensive Economic Partnership）>

　ＲＣＥＰは包括的な地域包括的経済連携の構想であり、2020年11月に署名された経済連携協定である。参加国はブルネイ、カンボジア、インドネシア、ラオス、マレーシア、ミャンマー、フィリピン、シンガポール、タイ、ベトナム、日本、中国、韓国、オーストラリア、ニュージーランドである。本協定は、世界のＧＤＰ、貿易総額及び人口の約3割、我が国の貿易総額のうち約5割を占める地域の経済連携協定である。

　地域の貿易・投資の促進及びサプライチェーンの効率化に向けて、市場アクセスを改善し、発展段階や制度の異なる多様な国々の間で知的財産、電子商取引等の幅広い分野のルールを整備することを目指している。

　日本産品のＲＣＥＰ協定締約国市場へのアクセスをみると品目数ベースの対日関税撤廃率はアセアン・オーストラリア・ニュージーランドでは86%〜100%、中国では86%、韓国では83%を占める。

　日本製工業製品は14か国全体で約92%の品目の関税撤廃を獲得することができる。特に中国及び韓国における無税品目の割合が上昇する。中国では現状の8%が86%に増加し、韓国では現状の19%が92%へ増加する。

　この協定は人口面では世界全体の約3割に相当する22.7億人（2019年）をカバーしている。ＧＤＰでも世界全体の約3割の25.8兆米$（2019年）の金額になり、輸出ベースの貿易総額は5.5兆米$（2019年）であり、世界全体の約30%を占める。

　2021年11月2日（火曜日）にＲＣＥＰ協定の発効要件が満たされ、わが国及び寄託を終えたオーストラリア、ブルネイ、カンボジア、中国、ラオス、ニュージーランド、シンガポール、タイ、ベトナムの9か国について、2022年1月1日（土曜日）にＲＣＥＰ協定が発効することとなった。

　ＲＣＥＰ協定は、少なくとも6つのアセアン構成国である署名国及び少なくとも3つのアセアン構成国でない署名国が批准書、受諾書又は承認書を寄託者であるアセアン事務局長に寄託した日の60日以降、寄託をしたこれらの署名国について効力を生ずることとなっている。

　既にわが国のほかにブルネイ、カンボジア、中国、ラオス、シンガポール、タイ、ベトナムが寄託しており、2021年11月2日（火曜日）のオーストラリア及

びニュージーランドの寄託によって、2022 年 1 月 1 日（土曜日）に、わが国及び
これら 9 か国についてＲＣＥＰ協定が発効することとなる。日本は同協定の発効
を歓迎している。これにより、世界の成長センターであるこれらの地域とわが国
とのつながりがこれまで以上に強固になる可能性が高まり、わが国及び地域の経
済成長に寄与することが期待されている（2021 年 11 月外務省公開資料）。

<AEC ASEAN Economic Community アセアン経済統合>
　1980 年代後半より、アセアンは外国投資受け入れ、外資系企業主導の輸出の経
済成長統合の深化により、外国からの投資を惹きつけている。
　アセアン経済共同体とは、アセアン加盟 10 カ国（インドネシア、カンボジア、
シンガポール、タイ、フィリピン、ブルネイ、ベトナム、マレーシア、ミャンマー、
ラオス）が一つの経済圏となることである。英語での名称は ASEAN Economic
Community、ＡＥＣとも略される。
　通貨統合は目指さず加盟国の主権を優先する一方、関税を撤廃し、サービスや
投資の自由化などを図ることとしている。2015（平成 27）年 11 月 21 日のアセアン
首脳会議で確認され同年末に発足した。2015 年 11 月 22 日に、2015 年 12 月 31
日時点での発足に関するクアランプール宣言がアセアン各国首脳により署名され
た。域内の物品関税が 9 割超の品目数で既にゼロとなるなど高水準のモノの自由
化を達成し、活発な経済交流が期待される。
　図表Ⅲ－4 はアセアン経済共同体とＥＣ（European Community：ヨーロッ
パ共同体）の経済統合度合を比較した表である。ＥＣでは関税の撤廃、非関税障
壁の撤廃、共通の域外関税、サービス貿易の自由化、規格の相互承認、貿易円滑
化、投資自由化、人の移動、知的所有権の保護、政府調達の解放、競争政策、域
内協力、共通通貨の各項目を実現している。それに対してＡＥＣでは域内の関税
撤廃は 2018 年には迄ほぼ完了したが、共通域外関税は経済統合の未対象扱いであ
る。サービス貿易の自由化では外資への出資比率規制が残り、不十分な扱いとなっ
ている。人の移動でも対象が熟練労働者に限定される場合があり、不十分な扱い
となっている。また、政府調達の開放や共通通貨は経済統合の対象になっていな
い。

図表Ⅲ－5 アセアン経済共同体（ＡＥＣ）の特徴、ＥＣとの比較

			AEC	EC	
○	実現	関税撤廃	○	○	2018年迄ほぼ完了
		非関税障壁撤廃	○	○	
		共通域外関税	✕	○	域外諸国への関税
		サービス貿易自由化	△	○	外資への出資比率
△	不十分	規格相互承認	△	○	
		貿易円滑化	○	○	
		投資自由化	○	○	
		人の移動	△	○	熟練労働者に限定
✕	未対象	知的所有権保護	○	○	
		政府調達開放	✕	○	開放されず
		競争政策	△	○	共通の政策
		域内協力	○	○	
		共通通貨	✕	○	

4　経済的環境

　海外市場について考慮する際、各国の経済についても研究しなければならない。経済的特徴がその国の輸出市場としての魅力度を反映している。
対象国の経済成長率の変化により、事業の成功要因は変わってくる。また、同国の金利の変動は設備投資政策の変化を招くかもしれない。このことは企業資金繰りに大きく影響を与えることにもなる。

＜東アジア経済統計からの分析＞

　図表Ⅲ－6 は 2018 年の主な東アジア諸国の経済統計を円に換算して比較した図表である。

図表Ⅲ－6 東アジア主要国経済統計比較

2018年アジア諸国経済統計比較

「アジア動向年報」2018年版
日本貿易振興機構アジア経済研究所

単位：(円) 1$=113円換算	韓国	台湾	中国	日本
人口(2018,4)	5,145万人	2,382万人	13億9000万人	1億2,675万人
為替レート2016.3 2018.8	1ウオン=0．09円 1ウオン=0．09円	1台ドル=3．4円 1台ドル=3．6円	1人民元=16.6円 1人民元=16.2円	
GDP	173兆円	65兆円	1,358兆円	546兆円
1人当たりGDP	336万円	275万円	98万円	431万円
GDP成長率(%) 2015 2016 2017	2.8→2.9→3.1	0.8→1.4→2.8	6.9→6.7→6.9	1.2→1.0→1.0
失業率 2015 2016 2017	3.6→3.7→3.7	3.8→3.9→3.8	11.1→12.4→9.5	4.1→4.0→3.9
消費者物価指数 2015 2016 2017	0.7→1.0→1.9	-0.3→1.4→0.6	2.0→1.4→2.0	1.4→2.0→-1.6
貿易収支 2017	10.7兆円	9.2兆円	47.7兆円	2.9兆円
外貨準備高	44兆円	51兆円	355兆円	143兆円

アメリカ　人口3億2,800万人　GDP2,300兆円　1人当GDP701万円　　(出所)ジェトロアジア経済研究所 [27]

{中国}

　中国のGDP（gross　domestic　product：国内総生産）は1,358兆円であり、国の人口で割った1人当たりのGDPは98万円と算出される。2011年以降、日本を抜いて世界第二位の経済大国になったが、日本の約10倍の人口を有しているため、1人当たりのGDPは日本の四分の一程度に留まる。しかし、1人当たりのGDPは平均数値しか示していないため、極端な富裕層や極端な貧民層の存在はこのデータからは読み取ることはできず、違った角度からの分析が必要になる。同成長率は2015〜2017年にかけて6.9%→6.7%→6.9%と増加している。日本に比べ、高い成長率を維持し続けていることがわかる。一方、失業率は2015〜2017年にかけて11.1%→12.4%→9.5%と高止まりしながらやや減少傾向にあ

46

る。日本に比べ、失業率の割合は高い。消費者物価指数（CPI：Consumer　Price Index）は 2015〜2017 年にかけて 2.0%→1.4%→2.0% と安定している。日本とほぼ同様の数値を示している。貿易収支（国際収支のなかで財の輸出入の差額を示す勘定）は 47.7 兆円の黒字であり、外貨準備高（中央銀行あるいは中央政府等の金融当局が外貨を保有すること）は 355 兆円と多額に保有している。ちなみに同年のアメリカの人口 3 億 2,800 万人であり、ＧＤＰは 2,300 兆円、1 人当たりＧＤＰは 701 万円である。

｛韓国｝

　韓国のＧＤＰは 173 兆円であり、国の人口割った 1 人当たりの GDP は 336 万円と算出できる。日本の約 4 割程度の人口であるため、1 人当たりの GDP は日本の 8 割程度と推定される。同成長率は 2015〜2017 年にかけて 2.8%→2.9%→3.1% と増加している。日本に比べ、やや高い成長率を維持し続けていることがわかる。一方、失業率は 2015〜2017 年にかけて 3.6%→3.7%→3.7% と安定している。日本とほぼ同様の失業率の割合を示している。消費者物価指数（CPI）は 2015〜2017 年にかけて 0.7%→1.0%→1.9% と安定している。日本とほぼ同様の数値を示している。貿易収支は 10.7 兆円の黒字であり、外貨準備高は 44 兆円である。

｛台湾｝

　台湾のＧＤＰは 65 兆円であり、国の人口割った 1 人当たりのＧＤＰは 275 万円と算出できる。日本の約 2 割弱の人口であるため、1 人当たりのＧＤＰは日本の 6 割程度と推定される。同成長率は 2015〜2017 年にかけて 0.8%→1.4%→2.8% と増加している。日本に比べ、近年はやや高い成長率を続けていることがわかる。一方、失業率は 2015〜2017 年にかけて 3.8%→3.9%→3.8% と安定している。日本とほぼ同様の失業率の割合を示している。消費者物価指数（CPI）は 2015〜2017 年にかけて-0.3%→1.4%→0.6% と安定している。日本よりやや低い数値を示している。貿易収支は 9.2 兆円の黒字であり、外貨準備高は 51 兆円である。

＜東南アジア経済統計からの分析＞

　図表Ⅲ－7 は 2018 年の東南アジアに属するインドネシア、シンポオール、タイ、

フィリピンの経済統計を円に換算して比較した図表である。

図表Ⅲ－7 東南アジア主要国経済統計比較　1

2018年ＡＳＥＡＮ経済統計比較

「アジア動向年報」2018年版
日本貿易振興機構アジア経済研究所

単位：（円）1$=113円換算	インドネシア	シンガポール	タイ	フィリピン
人口(2018,4)	2億6,199万人	561万人	6,910万人	1億531万人
為替レート2016.3 2018.8	1ルピア＝0．01円 1ルピア＝0．01円	1シンガポールドル＝80円 1シンガポールドル＝81円	1バーツ＝3．1円 1バーツ＝3．3円	1ペソ＝2．3円 1ペソ＝2．1円
GDP	115兆円	37兆円	51兆円	35兆円
1人当たり GDP(2016)	44万円	652万円	78万円	34万円
GDP成長率(%) 2015 2016 2017	4.9→5.0→5.1 2015 2016 2017	2.2→2.4→3.6 2015 2016 2017	3.0→3.3→3.9 2015 2016 2017	6.1→6.9→6.7 2015 2016 2017
失業率 2015 2016 2017	6.2→5.6→5.5 2015 2016 2017	1.9→2.1→2.2 2015 2016 2017	0.9→1.0→1.2 2015 2016 2017	6.3→5.4→5.7 2015 2016 2017
消費者物価指数 2015 2016 2017	3.4→3.0→3.6 2015 2016 2017	-0.5→-0.5→0.6 2015 2016 2017	-0.9→0.2→0.7 2015 2016 2017	1.4→1.8→3.2 2015 2016 2017
貿易収支 2017	2.1兆円	9.5兆円	3.6兆円	-3.4兆円
外貨準備高	15兆円	32兆円	23兆円	9.2兆円

28
（出所）ジェトロアジア経済研究所

{インドネシア}

　インドネシアのＧＤＰは115兆円であり、国の人口割った1人当たりのＧＤＰ
は44万円と算出できる。日本の約2倍の人口であるため、1人当たりのＧＤＰは
日本の十分の一程度と推定される。同成長率は2015～2017年にかけて4.9%→
5.0%→5.1%と増加している。日本に比べ、高い成長率を続けていることがわか
る。一方、失業率は2015～2017年にかけて6.2%→5.6%→5.5%を示している。
日本よりは高い失業率の割合を示している。消費者物価指数（CPI）は2015～2017
年にかけて3.4%→3.0%→3.6%と上昇傾向である。日本よりやや高い数値を示し
ている。貿易収支は2.1兆円の黒字であり、外貨準備高は15兆円である。

{シンガポール}

　シンガポールのＧＤＰは 37 兆円であり、国の人口で割った 1 人当たりのＧＤＰは 652 万円と算出できる。日本の約二十分の一の人口であるため、1 人当たりの GDP は日本の 1.5 倍程度と多い推定される。同成長率は 2015〜2017 年にかけて 2.2%→2.4%→3.6%と増加している。日本に比べ、高い成長率を続けていることがわかる。一方、失業率は 2015〜2017 年にかけて 1.9%→2.1%→2.2%と低く安定した数値を示している。日本よりは低い失業率の割合を示している。消費者物価指数（CPI）は 2015〜2017 年にかけて-0.5%→-0.5%→0.6%と殆ど上昇していない。日本よりやや低い数値を示している。貿易収支は 9.51 兆円の黒字であり、外貨準備高は 32 兆円である。

{タイ}

　タイのＧＤＰは 51 兆円であり、国の人口で割った 1 人当たりのＧＤＰは 78 万円と算出できる。日本の約二分の一強の人口であるが、1 人当たりのＧＤＰは日本の 2 割弱程度と推定される。同成長率は 2015〜2017 年にかけて 3.0%→3.3%→3.9%と増加している。日本に比べ、高い成長率を続けていることがわかる。一方、失業率は 2015〜2017 年にかけて 0.9%→1.0%→1.2%と低く安定した数値を示している。日本よりは低い失業率の割合を示している。消費者物価指数（CPI）は 2015〜2017 年にかけて-0.9%→0.2%→0.7%と殆ど上昇していない。日本よりやや低い数値を示している。貿易収支は 3.6 兆円の黒字であり、外貨準備高は 23 兆円である。

　図表Ⅲ－8 はタイでの 2015 年の各国への品目別輸出金額とその構成比状況表である。同国では農業就業者が 40%弱を占めるが、ＧＤＰでは 12%にとどまる。一方、製造業の就業者は約 15%であるがＧＤＰの約 34%、輸出額の 90%弱を占めている。輸出の構成比が一番高いのは自動車・同部品の 12%、続いてコンピュータ・同部品が 8%、宝石・宝飾が 5%、以下プラスティック、生精油、機械・同部品ゴム製品などが多い。

図表Ⅲ－8　タイの輸出品目構成比（2015）

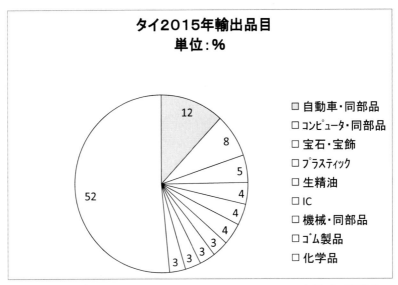

出所：タイ商務省

　2020 年の輸出総額は前年比－6.0％であった。主な輸出品目である自動車・同部品は－22.2％と大幅に減少している。他方テレワーク需要などの影響でコンピュータ・同部品、金売買の活発化で宝石・宝飾品の輸出は増加している。品目別輸出金額と構成比などから対象国の経済活動を分析することも可能である。

{フィリピン}

　フィリピンのＧＤＰは 35 兆円であり、国の人口で割った 1 人当たりのＧＤＰは 34 万円と算出できる。日本の約 8 割強の人口であるが、1 人当たりのＧＤＰは日本の 1 割弱程度と少ないことが推定される。同成長率は 2015～2017 年にかけて 6.1％→6.9％→6.7％と増加している。日本に比べ、高い成長率を続けていることがわかる。一方、失業率は 2015～2017 年にかけて 6.3％→5.4％→5.7％と高止まりの傾向の数値を示している。日本よりは高い失業率の割合を示している。消費者物価指数（CPI）は 2015～2017 年にかけて 1.4％→1.8％→3.2％と近年上昇傾向にある。日本より高い数値を示している。貿易収支は 3.4 兆円の赤字であり、

外貨準備高は 9.2 兆円である。

　図表Ⅲ－9 はフィリピンの 2006 年から 2015 年までのＧＤＰの成長率を表している。2007 年のリーマンショックで 08 年、09 年影響を受けたが、それ以降は順調な成長遂げている。

図表Ⅲ－9　フィリピンのＧＤＰの成長率（2016）

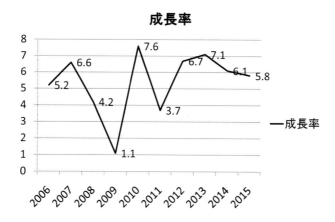

フィリピンのGDP経済成長率

2016年9月ジェトロマニラ事務所

　図表Ⅲ－10 は 2018 年の東南アジアに属するミャンマー、マレーシア、ベトナム、カンボジアの経済統計を円に換算して比較した図表である。

2018年ＡＳＥＡＮ経済統計比較

「アジア動向年報」2018年版
日本貿易振興機構アジア経済研究所

単位：（円）1＄=113円換算	ミャンマー	マレーシア	ベトナム	カンボジア
人口(2018,4)	5,265万人	3,205万人	9,734万人	1,601万人
為替レート2016.3 2018.8	1チャット=0.08円	1リンギット=27円	1ドン=0.005円	1リエル=0.027円
GDP	7.6兆円	36兆円	25兆円	2.5兆円
1人当たり GDP(2016)	14万円	109万円	27万円	16万円
GDP成長率(%) 2014 2015 2016	7.0→6.1→7.2 2015 2016 2017	5.0→4.2→5.9 2015 2016 2017	6.7→6.2→6.8 2015 2016 2017	7.2→7.0→7.0 2015 2016 2017
失業率 2015 2016 2017	4.0→4.0→4.0 2015 2016 2017	3.2→3.5→3.4 2015 2016 2017	3.4→3.2→3.2 2015 2016 2017	NA
消費者物価指数 2015 2016 2017	11.4→4.4→1.5 2015 2016 2017	2.1→-2.1→3.7 2015 2016 2017	0.6→2.7→2.6 2015 2016 2017	1.2→3.0→2.9 2015 2016 2017
貿易収支 2017	-0.3兆円	3.1兆円	0.3兆円	-0.4兆円
外貨準備高	NA	12兆円	5.5兆円	1.3兆円

29

（出所）ジェトロアジア経済研究所

{ミャンマー}

　ミャンマーのＧＤＰは7.6兆円であり、国の人口で割った1人当たりのＧＤＰは14万円と算出できる。日本の約4割強の人口であるが、1人当たりのＧＤＰは日本の3%強程度と極めて少ないことが推定される。同成長率は2015～2017年にかけて7.0%→6.1%→7.2%と増加している。日本に比べ、高い成長率を続けていることがわかる。一方、失業率は2015～2017年にかけて4.0%→4.0%→4.0%とやや高い傾向の数値を示している。日本よりはやや高い失業率の割合を示している。消費者物価指数（CPI）は2015～2017年にかけて11.4%→4.4%→1.5%と近年は安定傾向にある。日本より高い数値を示している。貿易収支は-0.3兆円の赤字であるが、外貨準備高のデータはない。

　図表Ⅲ－11 はミャンマーでの 2016 年の各国への品目別輸出金額とその構成比、品目別輸入金額とその構成比状況表である。同国での輸出総額はＦＯＢ（Free on Board：本船渡し条件価格）で約 117 億\$、輸入総額はＣＩＦ（Cost Insurance and Freight：運賃保険料込価格）で約 157 億\$であった。輸出では天然ガス、豆類、衣類、米、木材が多く、輸入では機械輸送機械、精油、電気機器、化学品、食品、医薬品が多い。品目別輸出金額と構成比、品目別輸入金額と構成から対象国の経済活動を分析することも可能である。

図表Ⅲ－11　ミャンマーの輸出入構成比（2015）

総貿易額　輸出約117億ドル（FOB）　輸入約157億ドル（CIF）ミャンマー中央統計局（2017年度）
　主要貿易品目
　輸出　天然ガス、豆類、衣類、米、木材　　　　輸入　　機械輸送機械、精油、電気機器、化学品、食品、医薬品

輸出2016年構成比

凡例:
- 天然ガス
- 縫製品
- 豆類
- 砂糖
- 魚・エビ・カニ
- コメ
- 卑金属・鉱石
- ヒスイ
- トウモロコシ
- 木材・木製品

値: 32億\$ 27.2、16億\$ 13.6、14億\$ 11.9、7億\$ 6、5億\$ 4.1、4億\$ 3.7、4億\$ 3.4、4億\$ 3.3、2億\$ 1.9、1.9

輸入2016年構成比

凡例:
- 輸送機械
- 卑金属製品
- 石油製品
- 電気機器
- 縫製材料
- プラスチック
- 植物油
- 医薬品
- 肥料
- 化合物

値: 39億\$ 24.8、17億\$ 10.6、16億\$ 10.5、13億\$ 8.3、4.6、7億\$ 3.7、6億\$ 2、5億\$ 3.5、4億\$ 2.2、3億\$ 1.6

FOB：本船渡条件価格、貨物の代金のみの価格

CIF：運賃保険料込価格、貨物の代金＋運賃＋保険料

卑金属：貴金属（金・銀・）以外の金属

{マレーシア}

　マレーシアのＧＤＰは 36 兆円であり、国の人口で割った 1 人当たりのＧＤＰ
は 109 万円と算出できる。日本の約四分の一強の人口であるが、1 人当たりのＧ
ＤＰも日本の四分の一程度と推定される。同成長率は 2015〜2017 年にかけて
5.0%→4.2%→5.9%と増加している。日本に比べ、高い成長率を続けていること
がわかる。一方、失業率は 2015〜2017 年にかけて 3.2%→3.5%→3.4%と安定し
た数値を示している。日本よりは低い失業率の割合を示している。消費者物価指
数（CPI）は 2015〜2017 年にかけて 2.1%→2.1%→3.7%と安定した数値を示し
ている。日本よりやややや高い数値を示している。貿易収支は 3.1 兆円の黒字で
あり、外貨準備高は 12 兆円である。

　図表Ⅲ－12 はマレーシアの 2011 年〜16 年の 1 人当たり名目ＧＤＰ（物価の変
動を反映）と同時期の実質経済成長率推移を示した図表である。2015 年以降、両
者の数値の増加幅はややゆるやかな状況である。

図表Ⅲ－12　マレーシアの 1 人当たり名目 GDP と経済成長率推移（2017）

マレーシア経済指標

1人当名目GDP（米＄）

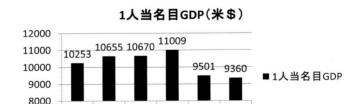

実質経済成長率（％）

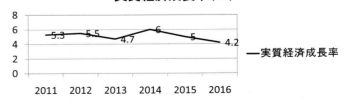

（出所）国際通貨基金（IMF）

{ベトナム}

　ベトナムのGDPは25兆円であり、国の人口で割った1人当たりのGDPは27万円と算出できる。日本の約8割弱の人口であるが、1人当たりのGDPは日本の二十分の一強程度と少ないことが推定される。同成長率は2015〜2017年にかけて6.7%→6.2%→6.8%と増加している。日本に比べ、高い成長率を続けていることがわかる。一方、失業率は2015〜2017年にかけて3.2%→3.5%→3.4%と安定した数値を示している。日本よりは高い失業率の割合を示している。消費者物価指数（CPI）は2015〜2017年にかけて0.6%→3.0%→2.9%と近年やや上昇傾向にある。日本よりは高い数値を示している。貿易収支は0.3兆円の黒字であり、外貨準備高は5.5兆円である。

図表Ⅲ－13　ベトナムのエリア別売上高構成比（2018）

図表Ⅲ－13は2018年時点でのベトナムの小売サービスと工業生産額のエリア

別売上高構成比を示す図表である。

1986年、ベトナム共産党第6回党大会で「ドイモイ政策」（新しいモノに換える）をスローガンとして提起した。主に経済面では価格の自由化や国際分業型産業構造及び生産性の向上などがテーマとなった。社会思想面においては新方向への転換を目指していた。

この「ドイモイ政策」以降はホーチミン（旧サイゴン）などの南部エリアではインフラ（Infrastructure：社会基盤）の整備が積極的に実施された結果、ハノイなどの北部に比べて経済が発展している。

南部エリアでは内需型の日系企業として味の素、日清食品、キリン、サントリー、花王、ロート製薬、高島屋、セブンイレブン等が進出している。

北部エリアは国営のエリアとして重要産業が誘致された。日系企業ではトヨタ、ホンダ、キヤノン、パナソニック、ダイキン等が進出している。南部エリアで多くみられる日系コンビニは北部エリアでは進出していない。

図表Ⅲ－14　ベトナムへの投資状況（2018）

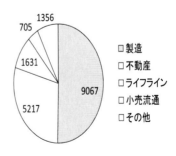

2018年直接投資認可額
（単位：100万$）

538 537 312
587
641
1728
1952
3365
5991
8343

□日本
□韓国
□シンガポール
□香港
□中国
□台湾
□タイ
□フランス
□バージン諸島
□サモア

日本からは輸入販売、コンサル（企業支援サービス）
進出増加

2018投資分野
（単位：100万$）

1356
705
1631
5217
9067

□製造
□不動産
□ライフライン
□小売流通
□その他

製造業がメイン　中国からの生産拠点移転
出所：FIA（外国投資庁）

　図表Ⅲ－14 は 2018 年時点でのベトナムへの投資国と投資分野を表す図表である。国別の投資状況では一番多く投資している国は日本で 83.43 億$、続いて韓国が 59.91 億$、シンガポールは 33.65 億$、香港が 19.52 億$、中国が 17.28 億$等となっている。

　一方、投資分野別投資額をみると製造業分野が過半数を占め、90.67 億$、続いて不動産分野が 52.17 億$、ライフライン（lifeline：生活に必須のインフラ設備）分野は 16.31 億$、小売流通分野が 7.05 億$等となっている。

　同国では海外からの投資の約半分が製造業に向けられ、次いで不動産、ライフライン、小売流通が多くを占めている。同年度は日本からの投資金額が最大であったが、続いて韓国やシンガポールの投資額も大きい。投資分野の大きさから対象国の魅力度を分析することができる。

{カンボジア}

　カンボジアのＧＤＰは 2.5 兆円であり、国の人口で割った 1 人当たりのＧＤＰは 16 万円と算出できる。日本の約 1 割強の人口であるが、1 人当たりのＧＤＰは日本の 4%弱程度と極めて少ないことが推定される。同成長率は 2015〜2017 年にかけて 7.2%→7.0%→7.0%と増加している。日本に比べ、高い成長率を続けていることがわかる。一方、失業率のデータはない。消費者物価指数（CPI）は 2015〜2017 年にかけて 1.2%→3.0%→2.9%と安定傾向にある。日本よりは高い数値を示している。貿易収支は-0.4 兆円の赤字であるが、外貨準備高は 1.3 兆円である。

　図表Ⅲ－15 はアジア主要国の 1 人当たりＧＤＰと日本の年代別 1 人当たりＧＤＰを比較した図表である。日本貿易振興機構アジア経済研究所「アジア動向年報」2018 年版のアジア主要国の 1 人当たりのＧＤＰを日本の年代別 1 人当たりＧＤＰに当てはめてみると、日本では第二次世界大戦敗戦後の復興期である 1950 年代、1 人当たりＧＤＰは約 20 万円であったが、カンボジアでの 1 人当たりＧＤＰは 16 万円、ミャンマーでの 1 人当たりＧＤＰは 14 万円が近い数値を示している。

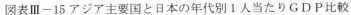

図表Ⅲ－15 アジア主要国と日本の年代別１人当たりＧＤＰ比較

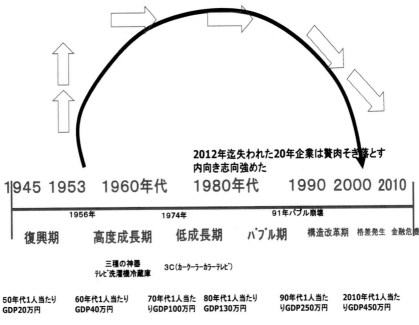

2012年迄失われた20年企業は贅肉そぎ落とす
内向き志向強めた

| 1945 | 1953 | 1960年代 | 1980年代 | 1990 | 2000 | 2010 |

| | 1956年 | | 1974年 | | 91年バブル崩壊 | |

| 復興期 | 高度成長期 | 低成長期 | バブル期 | 構造改革期 格差発生 金融危機 |

三種の神器
ﾃﾚﾋﾞ洗濯機冷蔵庫　　3C（ｶｰｰｸｰﾗｰｶﾗｰﾃﾚﾋﾞ）

50年代1人当たり GDP20万円	60年代1人当たり GDP40万円	70年代1人当た りGDP100万円	80年代1人当たり GDP130万円	90年代1人当た りGDP250万円	2010年代1人当た りGDP450万円
カンボジア 16万円 ミャンマー 14万円	インドネシア44万円 フィリピン 34万円 ベトナム 27万円	中国 98万円 タイ 78万円	マレーシア109万円	台湾 275万円	韓国 336万円

　日本の高度成長期である 1960 年代、テレビ、洗濯機、冷蔵庫が各家庭での必
需品としていわゆる「３種の神器」がもてはやされた。当時の１人当たりＧＤＰ
は約 40 万円であったが、インドネシアでの１人当たりＧＤＰは 44 万円、フィリ
ピンでの１人当たりＧＤＰは 34 万円、ベトナムでの１人当たりＧＤＰは 27 万円
が近い数値を示している。

　日本は 1970 年代にオイルショックをきっかけに低成長期に入っていったが、
その当時はカー、クーラー、カラーテビのいわゆる「３Ｃ」ブームが到来した。
70 年代の１人当たりＧＤＰは約 100 万円であったが、中国での１人当たりＧＤ
Ｐは 98 万円、タイでの１人当たりＧＤＰは 78 万円が近い数値を示している。

　日本は 1990 年代にバブルが崩壊した。90 年代の１人当たりＧＤＰは約 250 万
円であったが、台湾での１人当たりＧＤＰは 275 万円で近い数値を示している。

[本章の課題問題]

1　「ＣＰＴＰＰ」について説明してください。

2　「ＡＥＣ」と「ＥＣ」の違いについて説明してください。

3　アジア主要国の１人当たりＧＤＰと日本の年代別１人当たりＧＤＰの比較にから気づいた点について説明してください。

第Ⅳ章　所得分布と市場成長性からのマクロ分析

1　国の産業構造

　産業構造は，その製品やサービスに関する要求，所得水準，雇用水準などで形成される。産業構造には通常4つのタイプがある。

1)自給自足経済

　　自給自足経済においてはほとんどすべての人びとが単純な農業に従事している。彼らは生産物のほとんどを消費し，残りの部分を単純な財やサービスと物々交換する。彼らは輸出業者に対してごくわずかな機会しか提供しない。

2)原材料輸出経済

　　この経済は1つまたはいくつかの天然資源に恵まれており、その他の点では乏しい。彼らの収入の大半はこれらの資源の輸出から得られる。これらの国々は部分的な設備、道具や備品、材料加工設備、そしてトラックにとってはよい市場である。外人居住者や裕福な原地の支配者や地主の数によっては贅沢品の市場となる。

3)工業発展途上国

　　工業発展途上経済において製造業の割合が増大すると繊維用原材料、鉄鉱、重機械をより多く輸入し，完成繊維製品、紙製品、自動車の輸入車は相対的に減少する。工業化によって新しい富裕階級が生まれ、少数の中流階級が増加する。この2つの階級が新しいタイプの商品需要を発生させる。

4)工業化経済

　　工業化経済は工業製品の主要な輸出業者である。そこでは工業製品を相互に交換し、原料や半製品を交換するために他のタイプの国に工業製品を輸出する。大規模で多様な製造活動を行なう工業国ではその大部分を占める中産階級によって、あらゆる種類の商品にとって豊かな市場になっている。

　図表Ⅳ－1は東南アジア各国における日系進出企業の業種別内訳（業種別割合比較、2016年4月末時点調査）を示している。東南アジア各国における進出企業

数を業種別の割合にして比較したものは以下の表の通りである。まず、左のタイ、インドネシア、マレーシアに目を向けると、製造業が概ね 5 割、サービス業が 1 割、卸売業が約 2.5 割となっており、全体の進出企業数は各国それぞれ大きく異なるものの、比率はほぼ一致している。

　一方、ミャンマーへの日系進出企業の業種構成をみるとサービス業が 29%、卸売業が 27%、製造業が 14%、建設業と運輸・通信がそれぞれ 10%である。

　東南アジアで着実に成長を遂げている国々では、日系企業の製造業での進出から始まるパターンが多く、自国で生産した製品の輸出で外貨を稼ぐことでの豊かさの追求がみられる。

図表Ⅳ－1　アジア諸国への日系進出企業の業種別内訳　（2016）

東南アジア各国における日系進出企業の業種別内訳（業種別割合比較、2016年4月末時点調査）
東南アジア各国における進出企業数を業種別の割合にして比較したものが以下の表の通りである。今後ミャンマーへどのような業種の企業が進出して来るかを占う上で非常に興味深い。
まず、左のタイ、インドネシア、マレーシアに目を向けると、製造業が概ね5割、サービス業が1割、卸売業が約2.5割となっており、全体の進出企業数は各国それぞれ大きく異なるものの、比率はほぼ一致している

	タイ	シンガポール	ベトナム	インドネシア	マレーシア	フィリピン	ミャンマー	カンボジア	ラオス	ブルネイ
製造業	2,454社 51%	916社	1,061社 42%	1,019社	786社	542社	39社 14%	49社 22%	11社 16%	1社
サービス業	466社	540社	470社	221社	183社	242社	83社	46社		
卸売業	1,172社	753社	614社	476社	430社	308社	78社	52社	25社	5社
建設業	158社	105社	109社	75社	76社	68社	28社	15社	2社	1社
小売業	168社	146社	61社	55社	32社	31社	13社	24社	12社	2社
運輸・通信業	191社	151社	105社	87社	72社	82社	28社	16社	7社	1社
不動産業	71社	42社	33社	22社	27社	27社	8社	10社	2社	0社
その他	108社	166社	74社	66社	66社	34社	9社	15社	2社	1社
合計	4,788社	2,821社	2,527社	2,021社	1,672社	1,334社	286社	227社	68社	15社

ミャンマー
日系進出企業の業種構成比(%)

サービス業　29%
卸売業　　　27%
製造業　　　14%
建設業　　　10%
運輸・通信　10%

　図表Ⅳ－2 はＡＤＢ（Asian Development　Bank）KeyIndicators2017 より作成したミャンマーでの 2011 年から 2016 年までの産業別成長率のグラフである。毎年の GDP の成長率は 5.6%から 8.4%の範囲内にあるが、製造業では 8.0%から 12.1%、サービス業では 8.0%から 12.0%の各年の産業成長がみられる。それ

に対し農業では年間-0.7%から3.6%の成長に留まっている。対象国の産業別成長率から経済活動を分析することも可能である。

図表Ⅳ－2　ミャンマーの産業別成長率の推移（2017）

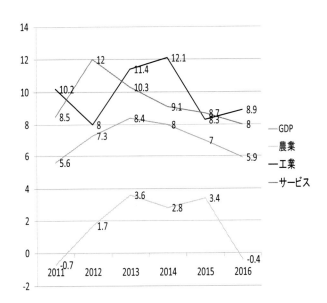

2　各国の所得分布

（1）所得分布

　所得分布は国の産業構造と関係しているが政治体制にも影響を受けている。5つの異なる所得分布のパターンにこれらの国を区分することができる。

　1)最低所得階層

　2)大部分が低所得階層

　3)低所得階層と高所得階層の両立

　4)低中高所得階層

　5)大多数が中所得階層

　ベンツ、ＢＭＷ、レクサスなどの高級車の市場を考えてみよう。その市場は最

低所得階層または大部分が低所得階層のタイプの所得分布のパターンをもつ国に
おいては非常に小さい。

　以下、東アジアでは中国、韓国、台湾、東南アジアではインドネシア、タイ、
フィリピン、マレーシア、ベトナム、南アジアではインドを例にとり、それぞれ
の国の所得分布についてみてみる。

＜東アジア・中国＞
　図表Ⅳ－3は2019年時点での中国の年間可処分所得分布と日本の年間可処分所
得分布を比較した図表である。

　図表Ⅳ－3　中国の年間可処分所得分布と日本の年間可処分所得分布（2019）

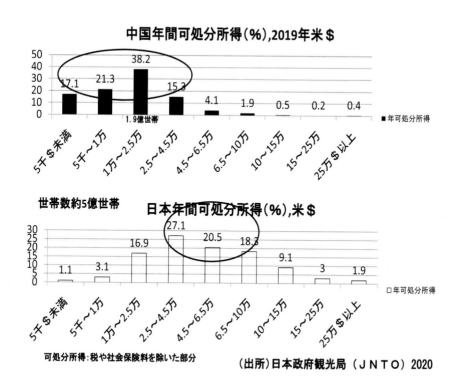

（出所）日本政府観光局（ＪＮＴＯ）2020

中国の人口は約 13 億人、世帯数は約 5 億世帯と推定される。日本の人口は約 1.26 億人世帯数約 4900 万世帯であり 1 世帯当たりの家族数はほぼ同数の 2.6 人である。

　中国で年間可処分所得（disposable　income：家計収入から税金や社会保険料等の非消費支出を差し引いた金額）が一番多いのは 1 万〜2.5 万$の世帯で 38.2％の 1.5 億世帯である。

　続いて年間可処分所得 0.5 万〜1 万$の世帯数（約 1 億 650 万世帯）は 21.3％を占め、0.5 万未満の世帯（約 8,550 万世帯）も 17.1％ある。年間可処分所得 2.5 万〜4.5 万$の世帯数（約 7,650 万世帯）は 15.3％を占め、0.5 万未満$〜4.5 万$の世帯数の合計構成比は 91.9％を占める。

　全体の構成比は低いが富裕層である 25 万$以上の世帯数は約 200 万世帯、15 万〜25 万$の世帯は約 100 万世帯、10 万〜15 万$の世帯は約 250 万世帯、6.5 万〜10 万$の世帯は約 950 万世帯存在している。ちなみに日本での富裕層の世帯数をみると 25 万$以上の世帯数は約 93 万世帯、15 万〜25 万$の世帯は約 147 万世帯、10 万〜15 万$の世帯は約 446 万世帯、6.5 万〜10 万$の世帯は約 897 万世帯存在している。構成比は低いが中国では 25 万$以上の世帯は日本の倍以上であることがわかる。

図表IV−4　中国湖南省の日系百貨店の週末の状況

五一広場店　一階催事スペース

カード会員29万人
２０１１年（社員給料30％アップ）
２０１８年１１月小売業売上高前年同月比5.9％増加

湖南省平和堂五一広場店

＜東アジア・韓国＞

　図表Ⅳ－4 は 2019 年時点での韓国の年間可処分所得分布と日本の年間可処分所得分布を比較した図表である。

図表Ⅳ－5　韓国の年間可処分所得分布と日本の年間可処分所得分布（2019）

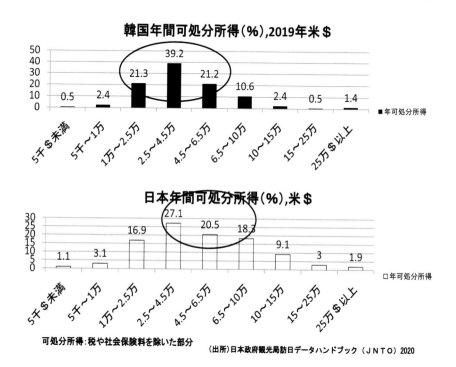

可処分所得：税や社会保険料を除いた部分　　　　（出所）日本政府観光局訪日データハンドブック（ＪＮＴＯ）2020

　韓国の人口は約 5,200 万人、世帯数は約 2,150 万世帯と推定される。日本の人口は約 1.26 億人世帯数約 4900 万世帯であり 1 世帯当たりの家族数は日本より少ない 2.4 人である。

　韓国で年間可処分所得が一番多いのは 2.5 万～4.5 万$の世帯で 39.2％の 843 万世帯である。

　続いて年間可処分所得 1 万～2.5 万$の世帯数（約 458 万世帯）は 21.3％を占め、4.5 万～6.5 万$の世帯（約 456 万世帯）も 21.2％ある。年間可処分所得 6.5 万～10 万$の世帯数（約 276 万世帯）は 10.6％を占め、1 万$～10 万$の世帯数の

合計構成比は92.3%を占める。

　全体の構成比は低いが富裕層である25万$以上の世帯数は約7万世帯、15万〜25万$の世帯は約7万世帯、10万〜15万$の世帯は約6万世帯、6.5万〜10万$の世帯は約73万世帯存在している。ちなみに日本での富裕層の世帯数をみると25万$以上の世帯数は約30万世帯、15万〜25万$の世帯は約11万世帯、10万〜15万$の世帯は約52万世帯存在している。韓国では日本に比べ、2.5万〜4.5万$の世帯の構成比が高いことがわかる。

＜東アジア・台湾＞
　図表Ⅳ−6　台湾の年間可処分所得分布と日本の年間可処分所得分布（2019）

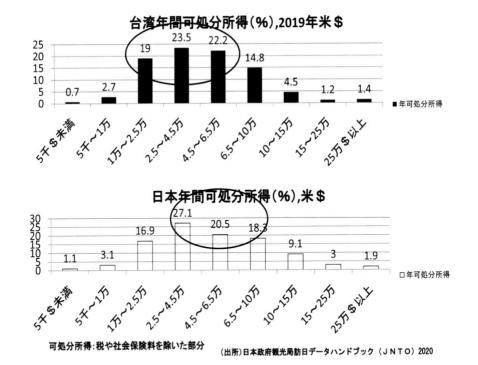

可処分所得：税や社会保険料を除いた部分

（出所）日本政府観光局訪日データハンドブック（ＪＮＴＯ）2020

　図表Ⅳ−6は2019年時点での台湾の年間可処分所得分布と日本の年間可処分所得分布を比較した図表である。

　台湾の人口は約 2,300 万人、世帯数は約 890 万世帯と推定される。日本の人口
は約 1.26 億人世帯数約 4900 万世帯であり 1 世帯当たりの家族数はほぼ同数の 2.6
人である。

　台湾で年間可処分所得が一番多いのは 2.5 万〜4.5 万$の世帯で 23.5％の 209 万
世帯である。

　続いて年間可処分所得 4.5 万〜6.5 万$の世帯数（約 198 万世帯）は 22.2％を占
め、1 万〜2.5 万$の世帯（約 169 万世帯）も 19.0％ある。年間可処分所得 6.5 万
〜10 万$の世帯数（約 132 万世帯）は 14.8％を占め、1 万$〜10 万$の世帯数の合
計構成比は 79.5％を占める。

図表Ⅳ−7　一般庶民の台所、台北市内の市場

　全体の構成比は低いが富裕層である 25 万$以上の世帯数は約 12 万世帯、15 万
〜25 万$の世帯は約 11 万世帯、10 万〜15 万$の世帯は約 40 万世帯、6.5 万〜10
万$の世帯は約 132 万世帯存在している。ちなみに日本での富裕層の世帯数をみ
ると 25 万$以上の世帯数は約 93 万世帯、15 万〜25 万$の世帯は約 147 万世帯、
10 万〜15 万$の世帯は約 446 万世帯、6 万〜10 万$の世帯は約 897 万世帯存在し
ている。台湾では日本に比べ、2.5 万$以下の世帯の構成比が高いことがわかる。

＜東南アジア・インドネシア＞

図表IV－8 東南アジア諸国連合

東南アジア諸国連合

Association of South-East Asian Nationsは、東南アジア10ヶ国の経済・社会・政治・安全保障・文化の地域協力機構。略称はASEAN（アセアン）。本部はインドネシアのジャカルタに所在。域内の人口は約6億人超（EU欧州連合は約5億人）。

インドネシア
シンガポール
タイ
フィリピン
マレーシア
ブルネイ
ベトナム
ミャンマー
ラオス
カンボジア

1980年代後半より、外国投資受け入れ、外資系企業主導の輸出の経済成長
統合の深化により、外国からの投資を惹きつける

2015年末にASEAN経済共同体（AEC）実現

　図表IV－8は東南アジア諸国連合（Association of South‐East Asian Nations）の構成国と位置を表した図表である。インドネシア、シンガポール、タイ、フィリピン、マレーシア、ブルネイ、ベトナム、ミャンマー、ラオス、カンボジアの10ヶ国の経済・社会・政治・安全保障・文化の地域協力機構である。略称はASEAN（アセアン）であり、本部はインドネシアのジャカルタに所在する。域内の人口は約6億人を超える（EU欧州連合は約5億人）。

　1980年代後半より、外国投資受け入れ、外資系企業主導の輸出の経済成長統合の深化により、諸外国からの投資を惹きつけてきた。2015年の年末にはASEAN経済共同体（AEC）を実現した。

　図表Ⅳ－9 は 2019 年時点でのインドネシアの年間可処分所得分布と日本の年間可処分所得分布を比較した図表である。

図表Ⅳ－9 インドネシアの年間可処分所得分布と日本の年間可処分所得分布
（2019）

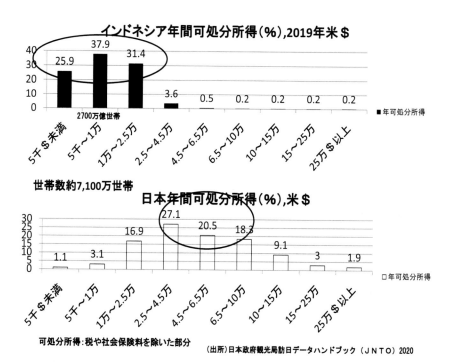

可処分所得：税や社会保険料を除いた部分　　（出所）日本政府観光局訪日データハンドブック（ＪＮＴＯ）2020

　インドネシアの人口は約 2.7 億人、世帯数は約 7,100 万世帯と推定される。日本の人口は約 1.26 億人世帯数約 4900 万世帯であり、1 世帯当たりの家族数は日本の 2.6 人より多い 3.8 人である。

　インドネシアで年間可処分所得が一番多いのは 5 千～1 万$の世帯で 37.9％の 2,691 万世帯である。

　続いて年間可処分所得 1 万～2.5 万$の世帯数（約 2,230 万世帯）は 31.4％を占め、5 千$未満の世帯（約 1,839 万世帯）も 25.9％ある。年間可処分所得 2.5 万～

4.5 万$の世帯数（約 256 万世帯）は 3.6%を占め、5 千$未満～2.5 万$の世帯数の合計構成比は 95.2%を占める。

　全体の構成比は低いが富裕層である 25 万$以上の世帯数は約 14 万世帯、15 万～25 万$の世帯も約 14 万世帯、10 万～15 万$の世帯も約 14 万世帯、6.5 万～10 万$の世帯も約 14 万世帯存在している。ちなみに日本での富裕層の世帯数をみると 25 万$以上の世帯数は約 30 万世帯、15 万～25 万$の世帯は約 11 万世帯、10 万～15 万$の世帯は約 52 万世帯存在している。インドネシアでは日本に比べ、5 千$未満～2.5 万$の世帯が 95%以上を占め、そこに大部分の所得層が集中していることがわかる。

＜東南アジア・タイ＞

図表IV－10　バンコク市内の日本製タクシー

日本製の自動車が非常に多い

　図表IV－11 は 2019 年時点でのタイの年間可処分所得分布と日本の年間可処分所得分布を比較した図表である。

　タイの人口は約 6,700 万人、世帯数は約 2,160 万世帯と推定される。日本の人口は約 1.26 億人世帯数約 4900 万世帯であり、1 世帯当たりの家族数は日本の 2.6 人より多い 3.1 人である。

　タイで年間可処分所得が一番多いのは 5 千～1 万$の世帯で 34.4%の 743 万世帯である。

　続いて年間可処分所得 1 万～2.5 万$の世帯数（約 667 万世帯）は 30.9%を占

め、5 千$未満の世帯（約 570 万世帯）も 26.4％ある。年間可処分所得 2.5 万〜
4.5 万$の世帯数（約 121 万世帯）は 5.6％を占め、5 千$未満〜2.5 万$の世帯数の
合計構成比は 91.7％を占める。

　全体の構成比は低いが富裕層である 25 万$以上の世帯数は約 6 万世帯、15 万〜
25 万$の世帯は約 4 万世帯、10 万〜15 万$の世帯は約 6 万世帯、6.5 万〜10 万$の
世帯は約 12 万世帯存在している。ちなみに日本での富裕層の世帯数をみると 25
万$以上の世帯数は約 30 万世帯、15 万〜25 万$の世帯は約 11 万世帯、10 万〜15
万$の世帯は約 52 万世帯存在している。タイでは日本に比べ、5 千〜2.5 万$の世
帯が 7 割弱を占め、構成比が高いことがわかる。

図表Ⅳ－11　タイの年間可処分所得分布と日本の年間可処分所得分布（2019）

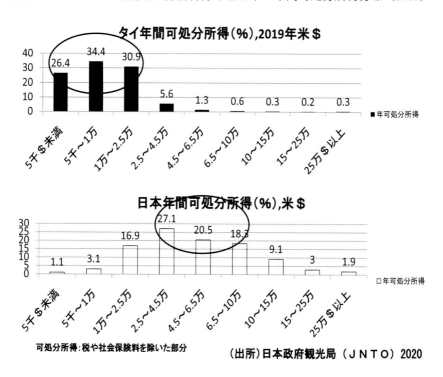

可処分所得：税や社会保険料を除いた部分　　（出所）日本政府観光局（ＪＮＴＯ）2020

<東南アジア・フィリピン>

図表Ⅳ-12　マニラ市内での交通手段のジプニー
ジープを改造した乗り合せタクシー

　図表Ⅳ-13 は 2019 年時点でのフィリピンの年間可処分所得分布と日本の年間
可処分所得分布を比較した図表である。

　フィリピンの人口は約 1.1 億人、世帯数は約 2,300 万世帯と推定される。日本
の人口は約 1.26 億人世帯数約 4900 万世帯であり、1 世帯当たりの家族数は日本
の 2.6 人より多い 4.8 人である。

　フィリピンで年間可処分所得が一番多いのは日本円で 55 万〜85 万円の世帯で
約 458 万世帯、19.9％の構成比を占める。

　続いて年間可処分所得 110 万〜165 万円の世帯数が約 430 万世帯で 18.7％の構
成比があり、28 万〜55 万円の世帯約 421 万世帯で 18.3％の構成比がある。年間
可処分所得 83 万〜110 万円の世帯数は約 363 万世帯で 15.8％の構成比があり、
28 万円未満〜275 万円の世帯数は約 2,1400 万世帯で、合計構成比は 92.9％を占
める。

　全体の構成比は低いが富裕層である年間可処分所得 1,650 万円以上の世帯数は
約 7 万世帯、1,375 万〜1,650 万円の世帯と 1,100 万〜1,375 万円の世帯もそれぞ
れ約 2 万世帯存在している。

図表Ⅳ－13 フィリピン年間可処分所得分布と日本の年間可処分所得分布比較
（2019）

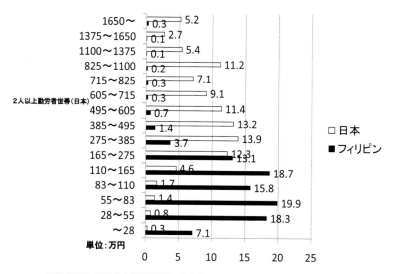

フィリピン、日本世帯当たりの年間可処分所得比較2019年単位%

図表Ⅳ－14 はフィリピン世帯月収別構成比を日本円で表したグラフである。世帯月収 2 万～4 万円の構成比が一番高く 62%（約 1490 万世帯）続いて世帯月収 2 万円未満の構成比が 29%（約 700 万世帯）ある。世帯月収 4 万円未満の世帯は全体 91% を占めている。フィリピン世帯の殆どを占めている貧困・低所得層の所得水準が上がれば同国の経済拡大が確実視されている。また、地域別の世帯月収の違いもみられマニラ首都圏やカラバルソン、中部ルソン地域では中間・富裕層のウェイトは高い。

図表Ⅳ−14　フィリピン世帯月収（％）円

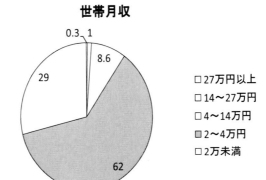

フィリピンの所得分布 単位円

世帯月収

- □ 27万円以上
- □ 14〜27万円
- □ 4〜14万円
- ▨ 2〜4万円
- □ 2万未満

圧倒的シェアの0.8〜1.5万ペソ層の所得が増加すれば耐久消費財普及が期待できる

1ペソ＝2.7円　2010年
1ペソ＝2.15円　2016年10月

2016年9月ジェトロマニラ事務所

＜東南アジア・マレーシア＞

　図表Ⅳ−15 は 2019 年時点でのマレーシアの年間可処分所得分布と日本の年間可処分所得分布を比較した図表である。

　マレーシアの人口は約 3,300 万人、世帯数は約 850 万世帯と推定される。日本の人口は約 1.26 億人世帯数約 4900 万世帯であり 1 世帯当たりの家族数は日本より多い 3.9 人である。

　マレーシアで年間可処分所得が一番多いのは 1 万〜2.5 万$の世帯で 40.9％の 348 万世帯である。

　続いて年間可処分所得 2.5 万〜4.5 万$の世帯数（約 458 万世帯）は 29.3％を占め、0.5 万〜1 万$の世帯（約 105 万世帯）も 12.3％ある。年間可処分所得 4.5 万〜6.5 万$の世帯数（約 68 万世帯）は 8.0％を占め、5 千$未満〜4.5 万$の世帯数の合計構成比は 88.9％を占める。

図表Ⅳ-15　マレーシアの年間可処分所得分布と日本の年間可処分所得分布
(2019)

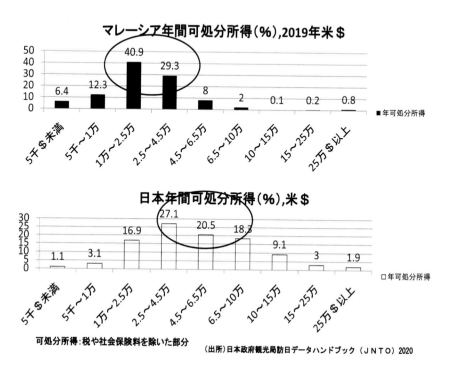

可処分所得:税や社会保険料を除いた部分　　　(出所)日本政府観光局訪日データハンドブック(JNTO) 2020

　全体の構成比は低いが富裕層である25万\$以上の世帯数は約7万世帯、15万〜25万\$の世帯は約2万世帯、10万〜15万\$の世帯は約1万世帯、6.5万〜10万\$の世帯は約17万世帯存在している。ちなみに日本での富裕層の世帯数をみると25万\$以上の世帯数は約30万世帯、15万〜25万\$の世帯は約11万世帯、10万〜15万\$の世帯は約52万世帯存在している。マレーシアでは日本に比べ、1万〜2.5万\$の世帯が4割強を占め、構成比が高いことがわかる。

　図表Ⅳ-17は2013年時点での国民の年間所得5,000\$以下、5,001〜40,000\$、40,001\$以上の3つの階層に分けた場合、2020年予測される人口を表した図表である。国民の年間所得5,001〜40,000\$の人口が1,573.7万人に増加すると予測されている。しかし、現状ではマレーシアの所得階層別人口の中華系上位20%の月額収入(中央値)は日本円で約50万円　ブミプトラ下位40%の月額収入(中央値)

は約 4.3 万円と貧富の差が大変大きい。したがって、中華系住民の購買力が高い現状となっている。貧富の差が拡大する原因の一つに相続税がないことが挙げられる。

図表Ⅳ－16　マレーシアの所得階層別人口（2015）

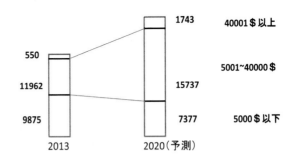

マレーシアの所得階層別人口予測 単位:千人

	2013	2020（予測）	
40001＄以上	550	1743	
5001~40000＄	11962	15737	
5000＄以下	9875	7377	

中華系上位20%の月収（中央値）は約50万円
ブミプトラ下位40%の月収（中央値）は約4.3万円

購買力は中華系が高い
相続税がなく貧富さ拡大

1リンギット＝32.8円（2015年4月）

図表Ⅴ－17 首都クアラルンプールの中心部

＜東南アジア・ベトナム＞

　図表Ⅳ－18 は 2020 年時点でのベトナムの年間可処分所得と世帯数分布を表した図表である。

図表Ⅳ－18　ベトナムの年間所得額分布と世帯数（2020）

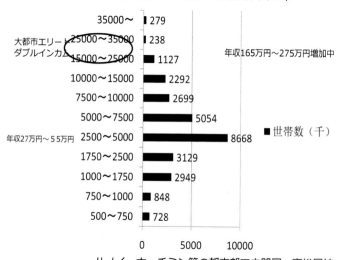

ハノイ、ホーチミン等の都市部で中間層・富裕層拡大

出所：ベトナム統計総局

　ベトナムの人口は約 9,600 万人、世帯数は約 2,700 万世帯と推定される。日本の人口は約 1.26 億人世帯数約 4900 万世帯であり、1 世帯当たりの家族数は日本の 2.6 人より多い 3.6 人である。

　ベトナムで年間可処分所得が一番多いのは 2.5 千～5 千$の世帯で約 867 万世帯である。

　続いて年間可処分所得 5 千～7.5 千$の世帯数が約 505 万世帯、1.75 千～2.5 千$の世帯約 313 万世帯ある。年間可処分所得 7.5 千～1 万$の世帯数は約 270 万世帯あ

り、1千未満～1万$の世帯数は約 2,250 万世帯で、合計構成比は 83.3％を占める。

　全体の構成比は低いが富裕層である 3.5 万$以上の世帯数は約 28 万世帯、2.5 万～3.5 万$の世帯も約 24 万世帯、1.5 万～2.5 万$の世帯も約 113 万世帯存在している。これらの層に属するホーチミンやハノイといった大都市で働くダブルインカムのエリートが増加中である。

図表Ⅳ－19 ハノイ市内の日系企業の販売店

図表Ⅳ－20　ベトナムの小売・サービス消費額推移（2020）

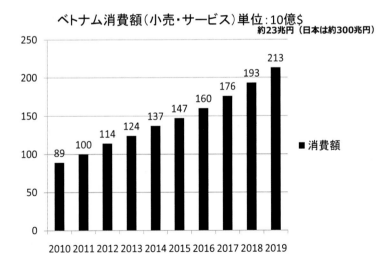

ベトナム人は旅行好き。ハノイ市内に日本食店舗300店舗。ベトナム人取り込みが課題

出所：ベトナム統計総局

ベトナムにおける小売やサービス業での消費額も年々増加しており、2019年には約23兆円まで成長した。ベトナム人は旅行好きで知られ、ハノイ市内には既に日本食レストランは300店舗営業をしている。ベトナムでは同レストランは未だに高価で日常的な飲食の場と考えてられていないため、ベトナム人の利用や取り込みが課題となっている。

＜南アジア・インド＞

　図表Ⅳ－21はインド年間可処分所得（％）米$表記と、日本年間可処分所得（％）米$表記を比較したグラフである。

図表Ⅳ－21　インド年間可処分所得（％）米$、日本年間可処分所得（％）米$比較(2019)

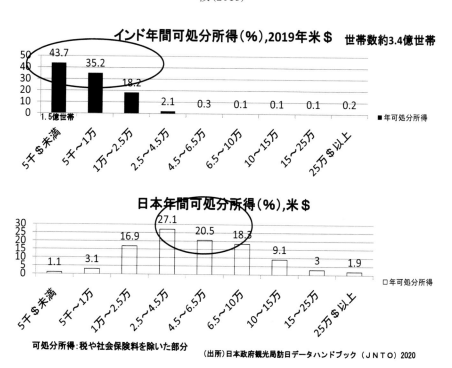

可処分所得：税や社会保険料を除いた部分　　　　(出所)日本政府観光局訪日データハンドブック（JNTO）2020

インドは日本、アメリカ、オーストラリアとともにクアッド（Quad）を構成する民主主義陣営の国家で今後の成長が大いに期待されている。インドの人口は約13.8億人、日本の属している東アジアに比べ1世帯当たりの家族数は多く、同国の総世帯数は約3.4億世帯と推定される。

2019年時点のインドと日本の年間可処分所得世帯構成比を比較してみるとインドでは年間可処分所得5千$未満の世帯数（約1.5億世帯）が一番多く43.7%を占める。続いて年間可処分所得5千〜1万$の世帯数（約1.2億世帯）は35.2%を占め、1万〜2.5万$の世帯（約6.2千万世帯）は18.2%である。5千$未満〜2.5万$の世帯数の合計構成比は97.1%を占めており、これらの層にインドの大部分の世帯が集中していることがわかる。

年間可処分所得4.5万$以上の世帯は約0.8%の約272万世帯と予測され、全体においての富裕層の世帯数ウェイトは低い。

一方、日本では年間可処分所得2.5万〜4.5万$の世帯数（約1,330万世帯）が一番多く27.1%を占める。続いて年間可処分所得4.5万〜6.5万$の世帯数（約1,000万世帯）は20.5%を占め、6.5万〜10万$の世帯（約900万世帯）も18.3%ある。年間可処分所得1万〜2.5万$の世帯数（約830万世帯）は16.9%を占め、1万$〜10万$の世帯数の合計構成比は82.8%を占める。

全体の構成比は低いが25万$以上の世帯数は約93万世帯、15万〜25万$の世帯は約150万世帯、10万〜15万$の世帯は約450万世帯存在している。

（2）世帯所得分布からのまとめ

わが国では1950年代後半から経済の高度成長期に入った。1960年代には1人当たりのGDPは日本円で40万円に達した。70年代にはそれは100万円となり、90年代に250万円まで上昇した。そこで上記の各国の2019年時点での5千$以上の世帯数に着目し、可処分所得別世帯の構成比ではなく、市場の大きさを示す世帯実数で比較してみる。

日本の高度経済成長期の1人当たりGDPとほぼ対応すると考えられる可処分所得5千〜1万$では中国の1.65億世帯、インドネシアの2,691万世帯、タイの743万世帯、フィリピンの821万世帯、ベトナムの772万世帯、インドの1.2億世帯の市場が大きい。

　日本の経済低成長期の1人当たりGDPとほぼ対応すると考えられる可処分所得1万〜2.5万$では中国の1.06億世帯、台湾の931万世帯、インドネシアの2,230万世帯、タイの667万世帯、フィリピンの731万世帯、ベトナムの342万世帯、インドの6,200万世帯の市場が大きい。

　日本の現在での1人当たりGDPとほぼ対応すると考えられる可処分所得4.5万$以上では中国の3,550万世帯、韓国の776万世帯の市場が大きいと類推される。

図表Ⅳ−22　アジア主要国可処分所得別、世帯数比較

可処分所得	5千〜1万$	1万〜2.5万$	2.5万〜4.5万$	4.5万$以上
日本世帯数	152万	830万	1,330万	2,587万
中国世帯数	1.65億	1.06億	7,650万	3,550万
韓国世帯数	52万	458万	843万	776万
台湾世帯数	24万	931万	1,152万	392万
インドネシア世帯数	2,691万	2,230万	256万	92万
タイ世帯数	743万	667万	121万	58万
フィリピン世帯数	821万	731万	117万	46万
マレーシア世帯数	105万	348万	458万	94
ベトナム世帯数	772万	342万	23万	28万
インド世帯数	1.2億	6,200万	714万	272万

3　市場の成長性

　以下、東アジアでは中国、韓国、台湾、東南アジアではインドネシア、タイ、フィリピン、マレーシア、ベトナム、南アジアではインドを例にとり、市場の成長性についてみてみる。

　総人口に占める生産年齢人口（15〜65歳未満）の割合が上昇し、労働力増加率

が人口の増加率より高くなり、人口に対して労働力が豊富になると経済成長が促進されることは、いわゆる人口ボーナス（demographic dividend）状態であるといわれる。また、わが国の消費支出の傾向を総務省の「家計調査年報、2019年版」をみても50歳台が一番高く、年齢が上昇するにつれ減少していることが報告されている。高齢化するまでの年代の消費意欲は高いとされる。そこで、各国の生産年齢人口の割合と年齢別人口について以下各国の状況を分析、把握してみる。なお、国際連合報告書では65歳以上の人口が7%を超えると高齢化社会、65歳以上の人口が14%を超えると高齢社会、65歳以上21%を超えると超高齢社会と定義されている。

＜東アジア・中国＞

図表Ⅳ－23は2020年の中国の年齢別人口（万人）と日本の年齢別人口（万人）を比較した図表である。

中国の2021年の年齢別推計値は15歳未満2億5,412万人の17.6% 15～64歳の生産年齢人口は10億1,083万人、70.0% 65歳以上の高齢化人口は1億7,927万人の12.41%で高齢化社会に入りかけている状況である。同国の合計特殊出生率（一人の女性が一生の間に生むとされる子供の数、2を超せば人口は増加、2未満は人口が減少）は2019年、1.70人（日本は同年1.36人）であった。ちなみに日本の人口を同様に分類すると15歳未満は1,503万人の11.9% 15～64歳の生産年齢人口は7,509万人の59.5%、65歳以上の高齢化人口は3,603万人の28.6%となり、超高齢化社会にすでに突入している。

中国で一番多い年齢別人口は30～39歳で約2億2,900万人の17.6%を占めている。50～59歳で約2億2,200万人の17.6%、40～49歳で約2億1,600万人の17.6%、20～29歳で約1億8,500万人の14.2%と続く。

中国の人口は約13億人、世帯数は約5億世帯と推定される。1世帯当たりの家族数は日本とほぼ同数の2.6人である。中国は日本の約10倍の人口を有しており、市場としての大きさを示している。

図表Ⅳ－23　中国の年齢別人口（万人）、日本の年齢別人口（万人）比較

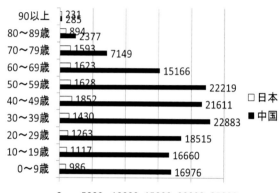

中国、日本年齢別人口（2020年）単位万人

年齢	日本	中国
90以上	231	35
80～89歳	894	285
70～79歳	1593	2377
60～69歳	1623	7149
50～59歳	1628	15166
40～49歳	1852	22219
30～39歳	1430	21611
20～29歳	1263	22883
10～19歳	1117	18515
0～9歳	986	16660
		16976

□日本　■中国

中国人口約13億人、日本約1.26億人
世帯数約5億世帯、　世帯数約4900万世帯
2.6人　　　　　　　2.6人

日本(2020年国勢調査)
15歳未満1503万人　11.9%
15～64歳7509万人　59.5%
65歳以上3603万人　28.6%

（出所）国際連合、筆者加筆

図表Ⅳ－24 北京市内日系牛丼店の店内
市内ではＦＣ方式のファーストフード店も多い

<東アジア・韓国>

　図表Ⅳ－25 は 2020 年の韓国の年齢別人口（万人）と日本の年齢別人口（万人）を比較した図表である。

　　　図表Ⅳ－25　韓国の年齢別人口（万人）、日本の年齢別人口（万人）比較

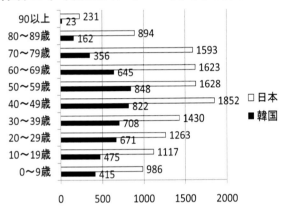

韓国、日本年齢別人口（2020年）単位万人

韓国人口約5200万人、日本約1.26億人
世帯数約2150万世帯、　世帯数約4900万世帯
　約2.4人　　　　　　　　　2.6人

日本(2020年国勢調査）
15歳未満1503万人　11.9%
15～64歳7509万人　59.5%
65歳以上3603万人　28.6%

（出所)国際連合、筆者加筆

　韓国の 2021 年の年齢別推計値は 15 歳未満 629 万人の 12.3%　15～64 歳の生産年齢人口は 3,651 万人、71.2%　65 歳以上の高齢化人口は 850 万人の 16.6%で、すでに高齢社会に突入している状況である。同国の合計特殊出生率（1 人の女性が一生の間に生むとされる子供の数、2 未満は人口が減少）は 2019 年、0.92 人であった。日本の人口を同様に分類すると 15 歳未満は 1,503 万人の 11.9%　15～64 歳の生産年齢人口は 7,509 万人の 59.5%、65 歳以上の高齢化人口は 3,603 万人の 28.6%となる。

　韓国で一番多い年齢別人口は 50〜59 歳で約 848 万人の 16.3％を占めている。40〜49 歳で約 822 万人の 15.8％、30〜39 歳で約 708 万人の 13.6％、20〜29 歳で約 671 万人の 12.9％と続く。

　韓国の人口は約 5,200 万人、世帯数は約 2,150 万世帯と推定される。1 世帯当たりの家族数は日本より少ない 2.4 人である。韓国は日本の約 4 割強の人口しか有していないが、首都ソウル市は約 1,000 万人の人口を有しており、首都圏に人口集中がみられ韓国での重要な市場と考えられる。

＜東アジア・台湾＞

　図表Ⅳ−26　台湾の年齢別人口（万人）、日本の年齢別人口（万人）比較

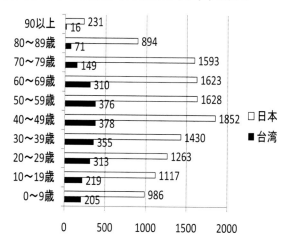

台湾、日本年齢別人口（2020年）単位万人

台湾人口約2380万人、日本約1.26億人
世帯数890万世帯、　世帯数約4900万世帯
　約2.6人　　　　　　　　2.6人

日本(2020年国勢調査)
15歳未満1503万人　11.9％
15〜64歳7509万人　59.5％
65歳以上3603万人　28.6％

（出所）国際連合、筆者加筆

図表Ⅳ－26は2020年の台湾の年齢別人口（万人）と日本の年齢別人口（万人）を比較した図表である。

　台湾の2021年の年齢別推計値は15歳未満300万人の12.6％ 15〜64歳の生産年齢人口は1,689万人、70.8％ 65歳以上の高齢化人口は396万人の16.6％で、高齢社会に突入している状況である。同国の合計特殊出生率（1人の女性が一生の間に生むとされる子供の数、2未満は人口が減少）は2021年、1.07人であった。

　台湾で一番多い年齢別人口は40〜49歳で約378万人の15.9％を占めている。50〜59歳で約376万人の15.8％、30〜39歳で約355万人の14.9％、20〜29歳で約318万人の13.4％と続く。

　台湾の人口は約2,380万人、世帯数は約890万世帯と推定される。1世帯当たりの家族数は日本とほぼ同数の2.6人である。台湾は日本の約2割弱の人口しか有していないが、台北市を含めた新北市周辺地域は台湾で一番多い人口集積エリアであり、重要な市場と考えられる。

図表Ⅳ－27　北投の日系温泉旅館

どの部分を現地化し、どの部分は日本式を残すか

どのように残すのかを見極める（現地経営者談）

台北　北投温泉　加賀屋

＜東南アジア・インドネシア＞
　図表Ⅳ－28 は 2020 年のインドネシアの年齢別人口（万人）と日本の年齢別人口（万人）を比較した図表である。

図表Ⅳ－28　インドネシアの年齢別人口（万人）、日本の年齢別人口（万人）比較

インドネシア、日本年齢別人口（2020年）単位万人

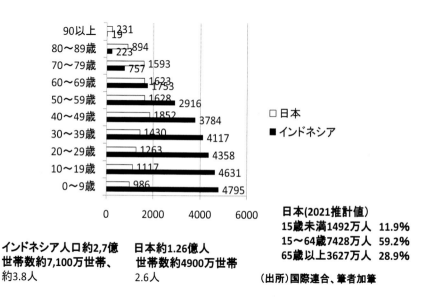

インドネシア人口約2,7億
世帯数約7,100万世帯、
約3.8人

日本約1.26億人
世帯数約4900万世帯
2.6人

日本(2021推計値)
15歳未満1492万人　11.9%
15～64歳7428万人　59.2%
65歳以上3627万人　28.9%

（出所）国際連合、筆者加筆

　インドネシアの 2020 年の年齢別推計値は 15 歳未満 6,990 万人の 25.9％、15～64 歳の生産年齢人口は 1 億 8,300 万人、67.8％ 65 歳以上の高齢化人口は 1,700 万人の 6.3％で、総人口に占める生産年齢人口の割合が大きく上回り、経済成長を後押しできる「人口ボーナス期」に位置している。同国の合計特殊出生率（1 人の女性が一生の間に生むとされる子供の数）は 2019 年、2.29 人であった。
　日本の人口を同様に分類すると 15 歳未満は 1,503 万人の 11.9％ 15～64 歳の生産年齢人口は 7,509 万人の 59.5％、65 歳以上の高齢化人口は 3,603 万人の

28.6％となる。

インドネシアで一番多い年齢別人口は0〜9歳で約4,795万人の17.8％を占めている。10〜19歳で約4,631万人の17.2％、20〜29歳で約4,358万人の16.1％、30〜39歳で約4,117万人15.2％と続く。

インドネシアの人口は約2億7,000万人、世帯数は約7,100万世帯と推定される。1世帯当たりの家族数は日本より多い3.8人である。インドネシアは日本の約2倍強の人口を有しており、首都ジャカルタのあるジャワ島に人口の約51.6％が集中しており、はインドネシアで一番多い人口集積エリアであり、重要な市場と考えられる。

＜東南アジア・タイ＞

図表Ⅳ－29はタイの2020年の年齢別人口（万人）と日本の年齢別人口（万人）を比較した図表である。

タイの2021年の年齢別推計値は15歳未満1,170万人の18.8％ 15〜64歳の生産年齢人口は4,930万人、70.8％ 65歳以上の高齢化人口は864万人の12.4％で、総人口に占める高齢者人口は 7％を超えて高齢化社会に突入している。同国の合計特殊出生率（1人の女性が一生の間に生むとされる子供の数、2 未満は人口が減少）は2019年、1.51人であった。

タイで一番多い年齢別人口は40〜49歳で約1,091万人の16.3％を占めている。50〜59歳で約1,068万人の15.9％、20〜29歳で約963万人の14.4％、30〜39歳で約923万人13.8％と続く。

タイの人口は約6,700万人、世帯数は約2,160万世帯と推定される。一世帯当たりの家族数は日本より多い3.1人である。タイは日本の約5倍強の人口を有しており、首都バンコクのあるバンコク都、とナコーンラーチャシーマー県（通称：コーラート）に人口が集中しており、タイはで一番多い人口集積エリアであり、重要な市場と考えられる。

図表Ⅳ－29　タイの年齢別人口（万人）、日本の年齢別人口（万人）比較

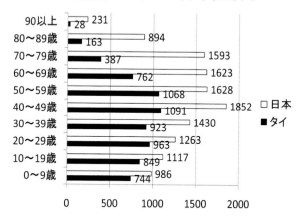

タイ、日本年齢別人口（2020年）単位万人

タイ人口約6700万人　　日本約1.26億人
世帯数約2,160万世帯、　世帯数約4900万世帯
約3.1人　　　　　　　　2.6人

日本(2021推計値)
15歳未満1492万人　11.9%
15～64歳7428万人　59.2%
65歳以上3627万人　28.9%

（出所)国際連合、筆者加筆

図表Ⅳ－30　タイの日系製造業
工業団地内で国から優遇措置受ける

工業団地の日系組立型製造業

ＢＯＩ（タイ投資委員会）登録に必要な国際規格認定を取得
ＩＳＯ9001　品質マネジメントシステム

国際規格認定書

タイ人８０名、日本人５名で運営
女性が９０％

<＜東南アジア・フィリピン＞

　図表IV－31 は 2020 年のフィリピンの年齢別人口（万人）と日本の年齢別人口（万人）を比較した図表である。

　図表IV－31 フィリピンの年齢別人口（万人）、日本の年齢別人口（万人）比較

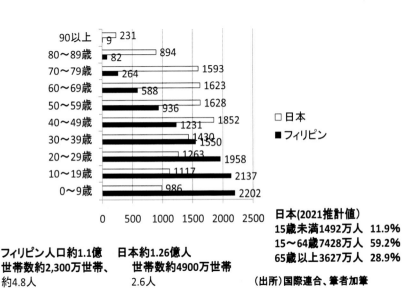

フィリピン、日本年齢別人口（2020年）単位万人

□日本
■フィリピン

日本(2021推計値)
15歳未満1492万人　11.9%
15～64歳7428万人　59.2%
65歳以上3627万人　28.9%

フィリピン人口約1.1億　日本約1.26億人
世帯数約2,300万世帯、　世帯数約4900万世帯
約4.8人　　　　　　　2.6人

（出所）国際連合、筆者加筆

　フィリピンの 2021 年の年齢別推計値は 15 歳未満 3,280 万人の 29.5%　15～64 歳の生産年齢人口は 7,190 万人、64.8%　65 歳以上の高齢化人口は 635 万人の 5.7%である。同国の平均年齢 23 歳（日本 45 歳）と若い。合計特殊出生率（1 人の女性が一生の間に生むとされる子供の数）は 2019 年、2.53 人であった。

　日本の人口を同様に分類すると 15 歳未満は 1,503 万人の 11.9%　15～64 歳の生産年齢人口は 7,509 万人の 59.5%、65 歳以上の高齢化人口は 3,603 万人の 28.6%となる。

　フィリピンで一番多い年齢別人口は 0〜9 歳で約 2,202 万人の 20.0% を占めている。10〜19 歳で約 2,137 万人の 19.4%、20〜29 歳で約 1,958 万人の 17.8%、30〜39 歳で約 1,550 万人の 14.1% と続く。

　フィリピンの人口は約 1 億 1,000 万人、世帯数は約 2,300 万世帯と推定される。1 世帯当たりの家族数は日本より多い 4.8 人である。フィリピンは日本の約 9 割弱の人口を有しており、首都マニラや工業団地集積地のカラバソン地方のあるルソン地域に人口が集中しており、はフィリピンで一番多い人口集積エリアであり、重要な市場と考えられる。

図表Ⅳ−32　マニラ郊外の小売店

正規雇用でも生活は厳しく貯金は殆どできない
給与は1ヶ月に2回、16日を超えない間隔で支払う雇用者側義務がある
賞与は12月に1ヶ月分の基本給を支払う雇用者側義務がある

＜東南アジア・マレーシア＞

　図表Ⅳ−33 はマレーシアの 2020 年の年齢別人口（万人）と日本の年齢別人口（万人）を比較した図表である。

マレーシアの 2021 年の年齢別推計値は 15 歳未満 760 万人の 23.3% 15〜64 歳の生産年齢人口は 2,270 万人、69.3% 65 歳以上の高齢化人口は 244 万人の 7.5% で、総人口に占める高齢者人口は 7% を超えて高齢化社会に突入している。同国

の合計特殊出生率（1 人の女性が一生の間に生むとされる子供の数、2 未満は人口が減少）は 2019 年、1.98 人であった。

図表Ⅳ－33 マレーシアの年齢別人口（万人）、日本の年齢別人口（万人）比較

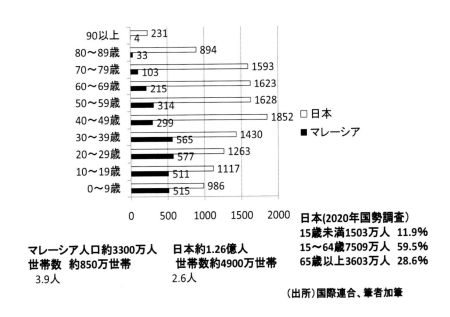

マレーシア、日本年齢別人口（2020年）単位万人

マレーシア人口約3300万人　　日本約1.26億人
世帯数　約850万世帯　　　　世帯数約4900万世帯
　　3.9人　　　　　　　　　　2.6人

日本(2020年国勢調査)
15歳未満1503万人　11.9%
15～64歳7509万人　59.5%
65歳以上3603万人　28.6%

(出所)国際連合、筆者加筆

　マレーシアで一番多い年齢別人口は 20～29 歳で約 577 万人の 17.5%を占めている。30～39 歳で約 565 万人の 17.1%、0～9 歳で約 515 万人の 15.6%、10～19 歳で約 511 万人 15.5%と続く。

　マレーシアの人口は約 3,300 万人、世帯数は約 850 万世帯と推定される。1 世帯当たりの家族数は日本より多い 3.9 人である。マレーシアは日本の約四分の一強の人口を有しており、首都クアラルンプールのあるセランゴール州とジョホール集には人口が集積し、マレーシアでの重要な市場とし考えられる。

　図表Ⅳ－34 は同国の 2011～2016 年までの人口増加の推移を表した図表である。

同国の平均年齢は 28.5 歳（日本では平均年齢は 45 歳）と若い。

図表Ⅳ－34　マレーシアの人口（万人）推移

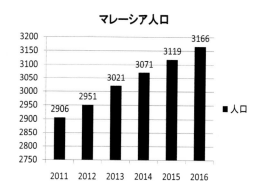

マレー半島南部とボルネオ島北部を領域とする立憲君主制国家
面積33万323k㎡

立憲君主制：国王の権力が国の憲法により、規制される。世襲の君主が主権を持つ

（出所）「世界の統計2017」総務省統計局

図表Ⅳ－35　クアラルンプール市内

Kuala Lumpur人口　177万人(2021)
国教　イスラム教　（ただし各民族の宗教は自由）61%
言語　マレー語、英語、中国語、タミル語（南インド地域）

Kuala Lumpur ショッピングセンター　　　　Kuala Lumpur　市内

<東南アジア・ベトナム>

　図表IV−36はベトナムの2020年の年齢別人口（万人）と日本の年齢別人口（万人）を比較した図表である。

　図表IV−36　ベトナムの年齢別人口（万人）、日本の年齢別人口（万人）比較

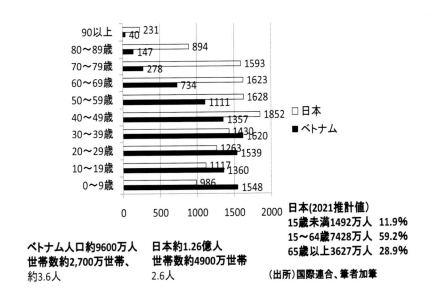

ベトナム、日本年齢別人口（2020年）単位万人

ベトナム人口約9600万人
世帯数約2,700万世帯、
約3.6人

日本約1.26億人
世帯数約4900万世帯
2.6人

日本(2021推計値)
15歳未満1492万人　11.9%
15〜64歳7428万人　59.2%
65歳以上3627万人　28.9%

（出所）国際連合、筆者加筆

　ベトナムの2019年の年齢別推計値は15歳未満2,330万人の24.3%　15〜64歳の生産年齢人口は6,530万人、68.0%　65歳以上の高齢化人口は740万人の7.7%で、総人口に占める高齢者人口は7%を超えて高齢化社会に突入している。同国の合計特殊出生率（1人の女性が一生の間に生むとされる子供の数、2を超せば人口は増加）は2019年、2.09人であった。

　ベトナムで一番多い年齢別人口は30〜39歳で約1,620万人の19.9%を占めている。0〜9歳で約1,540万人の16.0%、20〜29歳で約1,539万人の16.0%、10〜19歳で約1,360万人14.2%と続く。

　ベトナムの人口は約 9,600 万人、世帯数は約 2,700 万世帯と推定される。1 世帯当たりの家族数は日本より多い 3.6 人である。ベトナムは日本の約 8 割弱の人口を有しており、首都ハノイが 800 万人、ホーチミン 899 万人の二大都市には人口が集積し、ベトナムでの重要な市場と考えられる。

図表Ⅳ－37　ハノイの日系ショッピングセンター
春節の売り出しセール実施中

イオンモールロンビエン、ベトナム

＜南アジア・インド＞

　図表Ⅳ－38 はインドの 2020 年の年齢別人口（万人）と日本の年齢別人口（万人）を比較した図表である。

　インドの 2021 年の年齢別推計値は 15 歳未満 3.6 億人の 25.8%　15〜64 歳の生産年齢人口は 9.4 億人、67.5%　65 歳以上の高齢化人口は 9,400 万人の 6.8% である。総人口に占める高齢者人口は 7% を超えていないが、高齢化社会の入り口に突入している。同国の合計特殊出生率（1 人の女性が一生の間に生むとされる子供の数、2 を超せば人口は増加）は 2019 年、2.20 人であった。

　日本の人口を同様に分類すると 15 歳未満は 1,503 万人の 11.9%　15〜64 歳の生産年齢人口は 7,509 万人の 59.5%、65 歳以上の高齢化人口は 3,603 万人の 28.6% となる。

図表Ⅳ−38　インドの年齢別人口（万人）、日本の年齢別人口（万人）比較

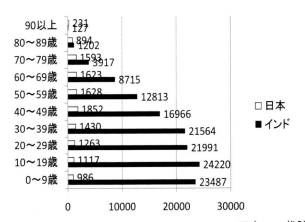

インド、日本年齢別人口（2020年）単位万人

インド人口約13,7億人、日本約1.26億人
世帯数約3.4億世帯、　世帯数約4900万世帯
約4人　　　　　　　　2.6人

日本(2021推計値)
15歳未満1492万人　11.9%
15〜64歳7428万人　59.2%
65歳以上3627万人　28.9%

（出所）国際連合、筆者加筆

　インドで一番多い年齢別人口は10〜19歳で約2.42億人の17.7%を占めている。
0〜9歳で約2.35億人の17.1%、20〜29歳で約2.2億人の16.1%、30〜39歳で
約2.16億人15.8%と続く。

　インドの人口は約13.7億人、世帯数は約3.4億世帯と推定される。1世帯当た
りの家族数は日本より多い4.0人である。インドは日本の約11倍弱の人口を有し
ており、首都ニューデリーがあるデリーが1,634万人、西海岸のムンバイ1,839
万人、東部西ベンガル州の州都コルカタが1,405万人などに人口が集積し、イン
ドでの重要な市場と考えられる。

4　分布と成長性からのまとめ

　以上中国、韓国、台湾、東南アジアではインドネシア、タイ、フィリピン、マレーシア、ベトナム、南アジアではインドについての年齢別人口及び構成比をみてきた。

図表Ⅳ－39　アジア主要国人口構成比率、合計特殊出産率比較(2020)

年齢区分	15歳未満 %	15〜64歳 %	65歳以上 %	合計特殊出生率：人
日本	11.9	59.5	28.6	1.36
中国	17.6	70.0	12.4	1.70
韓国	12.3	71.2	16.6	0.92
台湾	12.6	70.8	16.6	1.07
インドネシア	25.9	67.8	6.3	2.29
タイ	18.8	70.8	12.4	1.51
フィリピン	29.5	64.8	5.7	2.53
マレーシア	23.3	69.3	7.5	1.98
ベトナム	24.3	68.0	7.7	2.09
インド	25.8	67.5	6.8	2.20

（出所）国際連合、筆者加筆

　図表Ⅳ－39はアジア主要国人口構成比率、合計特殊出産率比較した図表である。国際連合の報告書で定義されている65歳以上が21％を超える超高齢社会国は日本だけであるが、65歳以上が14％を超える高齢社会国は東アジアの韓国と台湾が該当する。65歳以上が7％を超える高齢化社会国には中国、タイ、マレーシア、ベトナムが入る。インドも高齢化社会国の入り口に位置している。

　また、1人の女性が一生の間に生むとさる合計特殊率で2を超せば人口が今後増加していくとされる国はインドネシア、フィリピン、ベトナム、インドが該当し、それ以外の国はすべて人口は減少することが予測される。特に韓国と台湾は日本と比較しても減少のスピードが速いことが読み取れる。

一方、人口に対して労働力が豊富になり、経済成長が促進される人口ボーナス期にある国はインドネシア、フォリピン、ベトナム、インドが該当している。

図表Ⅳ−40　アジア主要国人口、世帯数、平均寿命（2019）

年齢区分	人口 人	世帯数	世帯人員 数：人	平均寿命 女：歳	平均寿命 男：歳
日本	1.26 億	4,900 万	2.6	86.9	81.5
中国	13 億	5 億	2.6	80.5	74.7
韓国	5,200 万	2,150 万	2.4	86.1	80.3
台湾	2,380 万	890 万	2.6	84.7	78.1
インドネシア	2.7 億	7,100 万	3.8	73.3	69.4
タイ	6,700 万	2,160 万	3.1	74.4	81.0
フィリピン	1.1 億	2,300 万	4.8	73.6	67.4
マレーシア	3,300 万	850 万	3.9	77.1	72.6
ベトナム	9,600 万	2,700 万	3.6	78.1	69.6
インド	13.7 億	3.4 億	4.0	72.2	69.5

（出所）ＷＨＯ、国連人口基金統計資料

　図表Ⅳ−40 はアジア主要国人口、世帯数と 2019 年の各国男女別の平均寿命を表した図表である。

　各国の人口の違いともに 1 家族当たりの世帯人員数の異なりから世帯数の異なりが発生する。世帯当たりの人員数が多いインドネシア、フィリピン、マレーシア、ベトナム、インドなどでは世帯毎の消費量が多いため、1 回の買い物での購入量は多い。また、世帯毎に必要とされる家電製品なども容量の大きなものが必要となってくる。

　一方、ＷＨＯや国連人口基金統計資料による 2019 年の平均寿命世界平均は女性が 75.9 歳、男性が 70.8 歳であった。日本の女性の平均寿命は 86.9 歳、男性の平均寿命は 81.5 歳である。わが国は世界でも有数の長寿国であり、1970 年代に高齢化社会となり、1990 年代に高齢社会に入り、2010 年頃には超高齢化社会に

突入した。高齢化という社会課題に他国より早く直面し、様々な取組により課題解決を模索してきたところである。老人の介護、健康寿命の延伸、清潔な衛生環境、食生活の改善等課題先進国としてもこれからこれらの社会を迎える国々へのサポートや提案も可能になってくると思われる。

[本章の課題問題]

1　東アジアの国での可処分所得分布の特徴について説明してください。

2　アジア主要国の人口構成比率と合計特殊出生率について説明してください。

3　アジア主要国の世帯人員数比較から気づいた点について説明してください。

第Ⅴ章　事業活動の地域別コスト比較

　アジアは一般的にはユーラシア大陸のヨーロッパ以外の地域で島嶼（島や小島）を含んだエリアと示される場合が多い。現在、注目される世界最大規模の経済圏であり、世界の人口の半数 、世界の全GDPの三分の一を占めている。

　東アジアには日本、中国、韓国、北朝鮮、台湾、モンゴルが属しており、東南アジアにはフィリピン、ベトナム、ラオス、カンボジア、マレーシア、シンガポール、ブルネイ、インドネシア、タイ、ミャンマー、東ティモールが属している。

　南アジアにはバングラデシュ、インド、ブータン、ネパール、パキスタン、アフガニスタン、スリランカ、モルディブが属しており、中央アジアにはカザフスタン、キルギス、タジキスタン、ウズベキスタン、トルクメニスタンがある　図表Ⅴ－1はアジア全域の地域別配置図を示している。

図表Ⅴ－1　アジア地域別配置図

東アジア
日本
中国
韓国
北朝鮮
台湾
モンゴル

東南アジア
フィリピン
ベトナム
ラオス
カンボジア
マレーシア
シンガポール
ブルネイ
インドネシア
タイ
ミャンマー
東ティモール

南アジア
バングラデシュ
インド
ブータン
ネパール
パキスタン
アフガニスタン
スリランカ
モルディブ

中央アジア
カザフスタン
キルギス
タジキスタン
ウズベキスタン
トルクメニスタン

1　事業活動のコスト分析と把握

（1）アジア主要都市賃金コスト比較

　国際的マーケティング活動を行っていくためには生産性の高い国々での製造活動が求められる。したがて、企業活動のコストについても分析、把握を行っていくことが必要となる。2021 年 3 月ジェトロ公開資料「投資コスト比較」（jetro.go.jp/world/search/cost.html）からワーカー（一般労働者）の賃金を日本円に換算（1＄=108 円換算）して東アジア、東南アジア、南アジアの主要国を極端に差のある二つのグループに分けることができる。

図表Ⅴ－2　アジア主要 12 都市のワーカー賃金

アジア主要都市コスト比較分析　2021年3月「ジェトロ」
2020 1＄=108円換算

月額賃金の都市グループ

ワーカー賃金
（月額：単位円）

都市	賃金	グループ
横浜	312,120	
ソウル（韓国）	213,840	
シンガポール	196,421	19万円～32万円グループ
香港	190,756	
マニラ（フィリピン）	28,016	
ホーチミン（ベトナム）	27,398	
プノンペン（カンボジア）	22,866	
ビエンチャン（ラオス）	21,630	1万円～3万円グループ
ヤンゴン（ミャンマー）	18,643	
カラチ（パキスタン）	16,274	
コロンボ（スリランカ）	12,669	
ダッカ（バングラデシュ）	11,845	

（出所）ジェトロ「投資コスト比較」

jetro.go.jp/world/search/cost.html

東アジアを中心した都市が 19 万円〜32 万円グループを形成し、東南アジアの新興メコン地域や南アジアを中心した都市が 1 万円〜3 万円グループを形成している。両グループの月額賃金を比較すると 10 倍から最大 30 倍の月額賃金の差があることがわかる。

図表Ⅴ−3 はジェトロによる「2019 年度アジア・オセアニア進出日系企業実態調査」からの日系企業の製造業と非製造業に分け、賃金昇給率上位 10 国を示している。

図表Ⅴ−3　日系企業の賃金昇給率

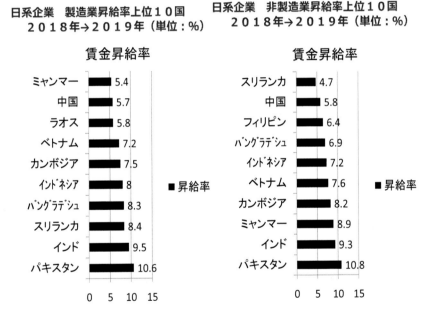

出所：ジェトロ「2019年度アジア・オセアニア進出日系企業実態調査」

製造業では南アジアに属するパキスタン、インド、スリランカ、バングラデシュが 4.7〜10.8％の高い上昇率である。また、東南アジアのなかでも新興メコン地域と呼ばれるミャンマー、ベトナム、カンボジア 5.4〜7.7％の上昇がある。中国の北京のワーカー賃金はアジア主要 20 都市コスト比較で 82,944 円と示されており、5.7％の上昇と表されているが上昇金額は他国より多い。

　非製造業で南アジアに属するパキスタン、インド、スリランカ、バングラデシュが 8.3〜10.6%の高い上昇率である。また、東南アジアのなかでも新興メコン地域と呼ばれるミャンマー、ベトナム、カンボジア 7.6〜8.9%の上昇がある。中国の北京のワーカー賃金はアジア主要 20 都市コスト比較で 82,944 円と示されており、5.8%の上昇と表されているが上昇金額は他国より多い。

図表Ⅴ－4　新興メコン地域
メコン地域：メコン川流域の地域。
新興メコン地域はベトナム・カンボジア・ミャンマー・ラオスを指す

　図表Ⅴ-6 はカンボジア、ラオス、ミャンマー、ベトナムの輸出額推移と電力生産の推移を表したグラフである。新興メコン地域の経済発展により、コストの上昇を招いている。

　ベトナムとミャンマーとも 1989 年に社会主義経済体制からともに市場経済に移行した。初期条件時の大差はなかった。ともにインフラの劣悪さ、企業経営者や技術者の欠如があった。さらに、労働者の教育水準は低く、為替レートや価格のゆがみも大きかった。特にミャンマーでは外資への警戒心も強かったといえる。

　しかし、市場経済化後の経済パフォーマンスに大きな差が発生した。ドイモイ（刷新）政策が 1990 年代に入ってからの ベトナム経済の安定化と比較的高度成長をもたらしている。

図表Ⅴ-5　ベトナム中部ダナンの中心部

Ⅴ-6　新興メコン地域の経済発展によるコストの上昇

新興メコン地域の経済発展

- ベトナム、ミャンマーとも1989年に社会主義経済体制からともに市場経済に移行。

- 初期条件は大差はなかった。インフラ劣悪、企業経営者や技術者は欠如、労働者の教育水準低く、為替レートや価格の ゆがみ大。外資への警戒強し（ミャンマー）。

- 市場経済化後の経済パフォーマンスに大きな差。ドイモイ（刷新）政策が 1990 年代に入ってからの ベトナム経済の安定 化と比較的高度成長をもたらした。

カンボジア、ラオス、ミャンマー、ベトナムの輸出額推移

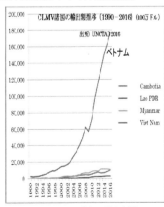

（UNCTAD）国連貿易開発会議

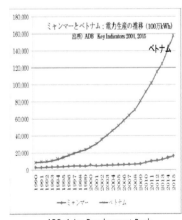

ADB：Asian Development Bank.

104

図表Ⅴ-7　ヤンゴンのチャイナタウン、シュエダゴンパゴダ通り

　Ⅴ－8の図表は日系製造業が東アジアと東南アジアの主要地域で負担するワーカー（作業員）の年間平均賃金額を$ベースで示している。

図表Ⅴ－8　日系製造業アジア主要地域のワーカー年間負担額

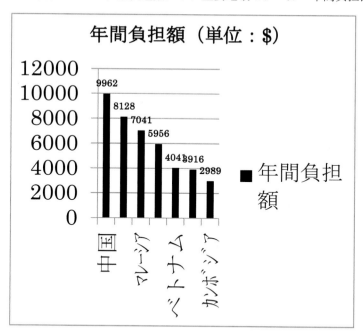

出所：ジェトロ「在アジア・オセアニア進出日系企業実態調査」各年度より

作業員とは正規雇用の一般工職、実務経験３年程度を指している。年間負担額は基本給、諸手当、社会保障、残業、賞与などを合計して算出している。

　ここでは中国の年間平均賃金額が 9,962$（約 108 万円、1$＝108 円換算）と一番大きい。

　一番少ないカンボジアでは 2,989$（約 32 万円）であり、中国との差は三分の一以下の金額である。多くの日系製造業が中国における賃金上昇に加え、ストライキの頻発、知的財産の流失リスクを回避するいわゆる「チャイナ・プラスワン」の動きが活発化している。日系製造業が中国以外の国や地域に分散する活動で東南アジアや南アジアが注目されている。

図表Ⅴ－9　日系非製造業アジア主要地域スタッフ年間負担額

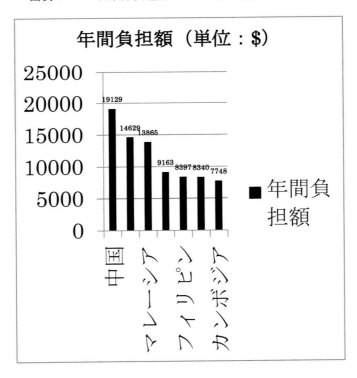

出所：ジェトロ「在アジア・オセアニア進出日系企業実態調査」各年度より

　Ⅴ−9 の図表は日系非製造業が東アジアと東南アジアの主要地域で負担するスタッフの年間平均賃金額を$ベースで示している。スタッフとは正規雇用で実務経験3年程度を指している。年間負担額は基本給、諸手当、社会保障、残業、賞与などを合計して算出している。ここでも中国の年間平均賃金額が 19,129$（約 207 万円、1$＝108 円換算）と一番大きい。

　一番少ないカンボジアでは 7,748$（約 84 万円）であり、中国との差は二分の一以下の金額である。多くの日系非製造業が中国における賃金上昇による「チャイナ・プラスワン」の動きが活発化している。日系非製造業のアジア主要地域スタッフ年間負担額は日系製造業倍以上のコストが発生しているが、中国以外の国や地域に分散する活動で東南アジアや南アジアが注目されている。

2　横浜、香港、ソウル、シンガポールの主要コスト比較

　Ⅴ − 10 は 2020 年 3 月ジェトロが「投資コスト比較」jetro.go.jp/world/search/cost.html に公表したアジア主要都市日本の横浜、香港、韓国のソウル、シンガポールの主要なコストを比較した図表である。当時の為替レート 1$＝108 円換算してすべて日本円でのコストを示している。比較内容はワーカー賃金月額、エンジニア賃金月額、中間管理職賃金月額、対象国や地域においての法定最低賃金、賞与支給額、社会保障負担率、2017〜2019 年の名目賃金上昇率 、一㎡当たり工場団地土地購入価格、一㎡当たりの月額事務所用賃料、1 リットル当たりのレギュラーガソリン価格、対象国での付加価値税、日本への利子送金課税の最高税率、日本への配当送金課税の最高税率である。

　この 4 地域はアジアでも事業活動にともなうコストが一番高い都市となっており、その中でも 2018 年の横浜のワーカー賃金月額は 312,120 円と他地域のワーカー賃金月額に比べ、圧倒的に多い。香港、韓国のソウル、シンガポールは横浜の約 7 割弱の金額である。

　横浜のエンジニア賃金月額も 398,412 円と他地域のワーカー賃金月額に比べて多いがワーカー賃金月額ほどの開きはない。シンガポールは横浜の約 8 割強、香港は約 7 割、ソウルは約 7 割弱の金額である。中間管理職賃金月額 513,108 円と他地域の賃金月額に比べて多いがさらにその差は縮小する。シンガポールは横浜の約 95％、香港は約 7 割強、ソウルは約 8 割弱の金額である。

図表Ⅴ－10　アジア主要都市横浜、香港、ソウル、シンガポールの主要コスト比較

アジア主要20都市コスト比較 2020年3月「ジェトロ」調査期間 ～2020年1月

単位：（円）1＄＝108円換算	横浜（日本）2018	香港	ソウル（韓国）	シンガポール
ワーカー賃金（月額）	312,120	200,016	213,840	210,168
エンジニア賃金（月額）	398,412	278,964	270,648	330,912
中間管理職（月額）	513,108	430,272	396,036	484,920
法定最低賃金	1,011/時間	521/時間	165,672/月	なし
賞与支給額	基本給＋手当の4.52ヶ月	基本給の1.65ヶ月	基本給の2.85ヶ月	基本給2.19ヶ月
社会保障負担率	雇用者負担15.0～15.2% 被雇用者負担14.4～14.5%	雇用者負担5% 被雇用者負担5%	雇用者負担9.8～28.3% 被雇用者負担8.98%	雇用者負担17% 被雇用者負担20%
名目賃金上昇率 2017→2018→2019	2017→2018→2019 1.2→2.1→-0.4	2017→2018→2019 4.0→3.5→3.4	2017→2018→2019 2.3→5.1→3.0	→2015→2016→2017 4.9→3.1→3.8
工場団地土地購入価格（㎡当たり）	35,000 神奈川県	23万円～ 工業ビル	36,180 天安	15,950～54,780 ジュロン工業団地
事務所用賃料（月額）（㎡当たり）	3,888 横浜駅中区	3,672～22,464 銅鑼湾	5,832 ビジネス中心街	6,820～10,450 ラッフルズプレイス
レギュラーガソリン価格（1㍑）	151	248	151	174
付加価値税	10	なし	10	7
日本への利子送金課税（最高税率）	－	なし	10	10
日本への配当送金課税（最高税率）	－	なし	15	なし

（出所）ジェトロ「投資コスト比較」jetro.go.jp/world/search/cost.html

　横浜の法定最低賃金は一時間当たり 1,011 円で香港の約 2 倍である。ソウルでは月間の法定最低賃金は 165,672 円と定められており、シンガポールでは法定最低賃金の規制は定められていない。

　横浜の賞与支給額は基本給と手当の合計の 4.52 か月と多いがソウルでは基本給の 2.85 か月、シンガポールでは基本給の 2.19 か月、香港では基本給の 1.65

か月の金額である。

　社会保障負担率をみると横浜より多いのはシンガポールで雇用者側負担は17%である。ソウルも雇用者側負担が 9.8〜28.3%と幅が大きく、雇用者側の負担が大きくなる可能性が大きい。

　2017〜2019 年の名目賃金上昇率では横浜はほぼ横ばいで上昇はみられないが、他の地域では毎年 3〜4%程度の上昇がある。

　1 ㎡当たり工場団地土地購入価格、1 ㎡当たりの月額事務所用賃料は対象地区の利便性や周辺のインフラ整備状況までは報告されていないため、当該都市での取引事例として理解しておきたい。

　レギュラーガソリンの価格は日本では 1 リットル 151 円であるが、この価格には揮発油税と地方揮発油税が含まれている。香港では 1 リットル 248 円と際立って高額となっている。

　香港では付加価値税はなく、シンガポールでは付加価値税では 7%と低い税率を採用している。日本への利子送金、日本への配当送金は香港では課税されない。シンガポールでも日本への配当送金は課税されない。

3　台北、北京、上海、武漢の主要コスト比較

　Ⅴ − 12 は 2020 年 3 月ジェトロが 「 投 資 コ ス ト 比 較 」jetro.go.jp/world/search/cost.html で公表した台湾の台北と中国の主要都市、北京、上海、武漢の主要なコストを比較した図表である。当時の為替レート 1 ＄=108 円換算してすべて日本円でのコストを示している。

　比較内容はワーカー賃金月額、エンジニア賃金月額、中間管理職賃金月額、対象国や地域においての法定最低賃金、賞与支給額、社会保障負担率、2017〜2019年の名目賃金上昇率 、1 ㎡当たり工場団地土地購入価格、1 ㎡当たりの月額事務所用賃料、1 リットル当たりのレギュラーガソリン価格、対象国での付加価値税、日本への利子送金課税の最高税率、日本への配当送金課税の最高税率である。

　この 4 地域はアジアでも事業活動にともなうコストが比較的高い地域の都市となっており、その中でも台北のワーカー賃金月額は 117,288 円と他地域のワーカー賃金月額に比べ、若干高めになっている。北京、上海は台北の約 7 割弱の金額である。台北のエンジニア賃金月額も 149,580 円と他地域の賃金月額に比べて

多いが武漢を除き、ワーカー賃金月額ほどの開きはない。北京は台北の約9割、上海は約8割弱、武漢は約6割弱の金額である。

　台北の中間管理職賃金月額236,088円と他地域の賃金月額に比べて多いが、さらにその差は縮小する。北京は台北の約97%、上海は約9割弱、武漢は約65%の金額である。

図表Ⅴ－11　台北市近郊の農産物直売所
日本の道の駅形態に近い

　この地域の最低賃金は月額で定められており、台北の法定最低賃金は一月当たり85,664円で北京の約2.5倍、上海の約2.2倍、武漢の3.7倍である。

　台北の賞与支給額は基本給の3.34か月と多いが北京では基本給の2.05か月、上海では基本給の1.92か月、武漢では基本給の2.92か月の金額である。

　社会保障負担率をみると中国大陸の各都市では雇用者側の負担は大きい。30.7～41.5%の範囲内で各都市により異なっている。台北では雇用者側負担は12.15%である。

　2017～2019年の名目賃金上昇率では中国大陸の各都市では毎年8.6～11.0の範囲内で大きく上昇している。それに比べると台北の上昇率は2～4%で小幅である。

　中国大陸では企業・個人による土地の売買は禁じられている。土地を使用する権利（土地使用権）は国や地方政府の許可があれば使用できる（その対価として土地使用権譲渡金を払う必要があり、取得した土地所有権は法律に従い譲渡・賃借・抵当（保証に充当）することができる）。

　1㎡当たり工場団地土地購入価格（使用権）、1㎡当たりの月額事務所用賃料（使用権）は対象地区の利便性や周辺のインフラ整備状況までは報告されていないため、当該都市での取引事例として理解しておきたい。

　レギュラーガソリンの価格は台北では1リットル99円であるが、北京、上海、武漢では108円の共通価格である。台北では付加価値税は5〜10%、北京、上海、武漢では 0〜13%の税率である。中国大陸からの日本への利子送金、日本への配当送金はいずれの都市でも10%である。

図表Ⅴ−12　アジア主要都市台北、北京、上海、武漢の主要コスト比較

アジア主要20都市コスト比較 2020年3月「ジェトロ」調査期間 〜2020年1月

単位：(円) 1＄=108換算	台北	北京	上海	武漢（湖北省）
ワーカー賃金 （月額基本給）	117,288	82,944	72,792	46,548
エンジニア賃金 （月額基本給）	149,580	134,460	115,560	83,808
中間管理職 （月額基本給）	236,088	228,420	205,632	153,576
法定最低賃金	85,664/月	34,128/月	38,448/月	23,220/月
賞与支給額	基本給の 3.34ヶ月	基本給2.08ヶ月	基本給1.92ヶ月	基本給2.92ヶ月
社会保障負担率	雇用者負担12.15% 被雇用者負担3.61%	雇用者負担32.8〜41.5% 被雇用者負担15.2〜22.2%	雇用者負担32.1〜35.5% 被雇用者負担17.5%	雇用者負担30.7〜37.6% 被雇用者負担15.3〜22.3%
名目賃金上昇率 2017→2018→2019	2017→2018→2019 2.46→3.82→1.95	2016→2017→2018 8.6→10.0→11.0	2015→2016→2017 8.9→9.5→9.5	2016→2017→2018 9.5→10.7→10.8
工場団地土地購入価格 （㎡当たり）	483（千円） 新北市汐止区	16,740〜23,220（50年使用権） 北京経済開発区	11,664〜（50年間使用権） 上海嘉定工業園区	6,480（50年間使用権） 武漢臨空港
事務所用賃料 （月額）（㎡当たり）	1,296 松山区民生東路	8,316〜30,240 市内	4,322 上海国際貿易中心	1,404〜2,484 中心部
レギュラー ガソリン価格（1㍑）	99	108	108	108
付加価値税	5〜10	0〜13	0〜13	0〜13
日本への利子送金 課税（最高税率）	10	10	10	10
日本への配当送金 課税（最高税率）	10	10	10	10

（出所）ジェトロ「投資コスト比較」jetro.go.jp/world/search/cost.html

4　バンコク、クアラルンプール、マニラ、ムンバイの主要コスト比較

　Ⅴ−14 は 2020 年 3 月ジェトロが「投資コスト比較」jetro.go.jp/world/search/cost.html で公表した東南アジアのバンコク、クアラルン

プール、マニラ、南アジアのムンバイの主要なコストを比較した図表である。

　当時の為替レート1＄＝108円換算してすべて日本円でのコストを示している。比較内容はワーカー賃金月額、エンジニア賃金月額、中間管理職賃金月額、対象国や地域においての法定最低賃金、賞与支給額、社会保障負担率、2016〜2018年の名目賃金上昇率、1㎡当たり工場団地土地購入価格、1㎡当たりの月額事務所用賃料、1リットル当たりのレギュラーガソリン価格、対象国での付加価値税、日本への利子送金課税の最高税率、日本への配当送金課税の最高税率である。

　この4地域はアジアでも事業活動にともなうコストが中位程度地域の都市となっており、その中でもバンコクとクアラルンプールのワーカー賃金月額は44,604円と他地域のワーカー賃金月額に比べ、若干高めになっている。マニラはバンコクやクアラルンプールの約6割弱の金額でありムンバイは約7割強の金額となっている。

図表Ⅴ－13 バンコク市内中心部
歩道にテントが張られ物品販売がされている

　エンジニア賃金月額はクアラルンプールが90,720円と他地域の賃金月額に比べて多い。バンコクではクアラルンプールの9割弱、ムンバイでもクアラルンプールの8割強、マニラではクアラルンプールの4割強の金額で低い。

　クアラルンプールの中間管理職賃金月額170,280円と他地域のワーカー賃金月額に比べて若干多いが、他の職種に比べその差は縮小する。バンコクはクアラルンプールとほぼ同額、ムンバイは約9割弱、マニラは約6割強の金額である。

　この地域の最低賃金は月額若しくは日額で定められており、タイの法定最低賃

金は1日当たり1,060円、マニラの法定最低賃金は1日当たり1,039円である。クアラルンプールの法定最低賃金は1月当たり28,944円でムンバイの1月当たりの法定最低賃金の約2.2倍である。

　バンコクの賞与支給額は基本給の2.84か月と多いがクアラルンプールでは基本給の2.01か月、マニラでは基本給の1.64か月、ムンバイでは基本給の1.32か月の金額である。

図表Ⅴ－14 アジア主要都市バンコク、クアラルンプール、マニラ、ムンバイの
主要コスト比較

アジア主要20都市コスト比較 2020年3月「ジェトロ」調査期間 ～2019年1月

単位：（円）1＄＝108円換算	タイ（バンコク）	マレーシア（クアラルンプール）	フィリピン（マニラ）	ムンバイ（インド）
ワーカー賃金（月額）	44,604	44,604	25,272	33,048
エンジニア賃金（月額）	78,624	90,720	40,284	76,032
中間管理職（月額）	168,372	170,280	104,868	146,340
法定最低賃金	1060/日	28,944/月	1039/日	13,068/月
賞与支給額	基本給の2.84ヶ月	基本給の2.01ヶ月	基本給の1.64ヶ月	基本給の1.32ヶ月
社会保障負担率	雇用者負担5%被雇用者負担5%	雇用者負担13%～15%被雇用者負担12%	雇用者負担8.745%被雇用者負担5.00%	雇用者負担13%被雇用者負担12%
名目賃金上昇率 2016→2017→2018	2015→2016→2017 1.8→1.8→△0.05	2016→2017→2018 5.5→5.4→5.0	2016→2017→2018 2.2→4.3→4.9	2015→2016→2017 10.1→10.7→11.5
工場団地土地購入価格（㎡当たり）	23,650 チョンブリ県	11,000 クラン市	12,650 カラバルソン工業団地	7,590 チャカン95年長期借款
事務所用賃料（月額）（㎡当たり）	2,090～ タイムズスクエア	2,592 クアラルンプール	2,860 マカティ市	3,348～ ムンバイ市内bkc地区
レギュラーガソリン価格（1㍑）	97	51	86	116
付加価値税	7	6～10	12	5～28
日本への利子送金課税（最高税率）	15	10	10	10
日本への配当送金課税（最高税率）	10	なし	15	15

（出所）ジェトロ「投資コスト比較」jetro.go.jp/world/search/cost.html

　社会保障負担率をみるとムンバイで雇用者側負担は13%である。クアラルンプールも雇用者側負担が13.0～15.0%と大きく、雇用者側の負担が大きくなる可

能性が大きい。2017〜2019 年の名目賃金上昇率ではバンコクはほぼ横ばいで上昇はみられないが、ムンバイでは毎年 10%以上の上昇がある。

　1 ㎡当たり工場団地土地購入価格、1 ㎡当たりの月額事務所用賃料は対象地区の利便性や周辺のインフラ整備状況までは報告されていないため、当該都市での取引事例として理解しておきたい。なお、インドでは土地の所有は認められているが、土地利用と不動産の権利に対して厳しい規制があるため、留意しておかなければならない。レギュラーガソリンの価格はバンコクでは 1 リットル 97 円であるが、クアラルンプールでは 1 リットル 51 円と際立って低額となっている。

　バンコクでは付加価値税は 7%、クアラルンプールでは 6〜10%の税率を採用しているが、ムバイは 5〜28%の税が課されており、その幅が非常に大きい。クアラルンプールでは日本への配当送金は課税されない。他の都市では日本への利子送金、日本への配当送金はいずれも 10〜15%の範囲内で課税される。

5　ジャカルタ、ホーチミン、カラチ、ビエンチャンの主要コスト比較

　Ｖ－ 15 は 2020 年 3 月ジェトロが「 投 資 コ ス ト 比 較 」jetro.go.jp/world/search/cost.html で公表した東南アジアのジャカルタ、ホーチミン、ビエンチャン、南アジアのカラチの主要なコストを比較した図表である。当時の為替レート 1 ＄=108 円換算してすべて日本円でのコストを示している。

　比較内容はワーカー賃金月額、エンジニア賃金月額、中間管理職賃金月額、対象国や地域においての法定最低賃金、賞与支給額、社会保障負担率、2016〜2018年の名目賃金上昇率 、1 ㎡当たり工場団地土地購入価格、1 ㎡当たりの月額事務所用賃料、1 リットル当たりのレギュラーガソリン価格、対象国での付加価値税、日本への利子送金課税の最高税率、日本への配当送金課税の最高税率である。

　この 4 地域はアジアでも事業活動にともなうコストが低い地域の都市となっており、その中でもラオスのワーカー賃金月額は 19,440 円、カラチのワーカー賃金月額は 20,196 円と他地域のワーカー賃金月額に比べ、若干低めになっている。ホーチミンはジャカルタの約 8 割弱の金額であり、ビエンチャンは約 6 割弱の金額となっている。

　エンジニア賃金月額はカラチが 53,136 円と他地域の賃金月額に比べて多い。この地域のエンジニア賃金月額は 4 万円から 5 万円前後であり、賃金幅は少ない。

　カラチの中間管理職賃金月額 133,380 円と他地域の賃金月額に比べて若干多い
が、他の職種に比べその差は縮小する。ジャカルタはホーチミンとほぼ同額、ビ
エンチャンはカラチの約 8 割強の金額である。

　この地域の最低賃金は月額で定められており、ジャカルタの法定最低賃金は 1
月当たり 30,132 円、ホーチミンの法定最低賃金は 1 月当たり 19,764 円である。
カラチの法定最低賃金は 1 月当たり 12,593 円でジャカルタの 1 月当たりの法定最
低賃金の約 40%となっている。

図表Ⅴ－15 アジア主要都市ジャカルタ、ホーチミン、カラチ、ビエンチャンの
主要コスト比較

アジア主要20都市コスト比較 2020年3月「ジェトロセンサー」調査期間 ～2019年1月

単位：（円）1$＝108円換算	インドネシア（ジャカルタ）	ホーチミン（ベトナム）	カラチ（パキスタン）	ビエンチャン（ラオス）
ワーカー賃金（月額）	33,264	26,136	20,196	19,440
エンジニア賃金（月額）	49,356	50,112	53,136	41,364
中間管理職（月額）	111,348	101,844	133,380	94,500
法定最低賃金	30,132/月	19,764/月	12,593/月	13,932/月
賞与支給額	基本給の1.97ヶ月	基本給の1.51ヶ月	基本給の2.9ヶ月	基本給の1.20ヶ月
社会保障負担率	雇用者負担10.24～11.74%被雇用者負担4.0%	雇用者負担21.5%被雇用者負担10.5%	雇用者負担11%被雇用者負担1%	雇用者負担6%被雇用者負担5.5%
名目賃金上昇率 2016→2017→2018	2017→2018→2019 8.3→8.7→8.0	—	2014→2015→2018 8.6→13.8→7.8	—
工場団地土地購入価格（㎡当たり）	16,500 スルヤチプタ工業団地	土地購入不可	6,696 ビンカシム工業団地	土地購入不可
事務所用賃料（月額）（㎡当たり）	2,310～ ミッドプラザ	4,536～ 中心部	2,376 クリフトン地区	1,836 シーサタナーク郡
レギュラーガソリン価格（1㍑）	50	79	70	113
付加価値税	10	10%	17	10
日本への利子送金課税（最高税率）	10	5	10	10
日本への配当送金課税（最高税率）	10	0	10	10

　（出所）ジェトロ「投資コスト比較」jetro.go.jp/world/search/cost.html

　カラチの賞与支給額は基本給の 2.9 か月と多いがジャカルタでは基本給の 1.97
か月、ホーチミンでは基本給の 1.51 か月、ビエンチャンでは基本給の 1.2 か月の

金額である。

　社会保障負担率をみるとホーチミンで雇用者側負担は21.5%である。ジャカルタとカラチはいずれも雇用者側負担が11%前後である。ビエンチャンでは雇用者側負担が6%であり、低い負担である。

　2017〜2019年の名目賃金上昇率はホーチミンとビエンチャンのデータは公表されていない。他の2都市では毎年8%以上の上昇がある。

　1㎡当たり工場団地土地購入価格、1㎡当たりの月額事務所用賃料は対象地区の利便性や周辺のインフラ整備状況までは報告されていないため、当該都市での取引事例として理解しておきたい。なお、ベトナムでは2015年に外国人の土地の所有は認められることになったが、所有期間は50年までである（50年の更新は可能、土地は国家が管理しているため、「土地使用権」という形での取引になる）。ラオスでは土地はすべて国有であり、外国人はラオス政府やラオス企業から土地利用権をリース（賃貸）かコンセッション（運営権）で借りてのみの活用が可能なことを留意しておかなければならない。

　レギュラーガソリンの価格はビエンチャンでは1リットル113円であるが、ジャカルタでは1リットル50円と低額となっている。

　カラチでは付加価値税は17%、ジャカルタ、ホーチミン、カラチ、ビエンチャンではいずれも10%の税率を採用している。ホーチミンでは日本への配当送金は課税されず、日本への利子送金は5%の税率を採用している。他の都市では日本への利子送金、日本への配当送金はいずれも10%課税される。

図表Ⅴ−16　ヤンゴン市内客席付きの三輪人力車「サイカー」
ダウンタウンエリアで見られちょっとした移動や荷物が多い時など気軽に利用

6　プノンペン、コロンボ、ヤンゴン、ダッカの主要コスト比較

　Ｖ－17 は 2020 年 3 月ジェトロが「投資コスト比較」jetro.go.jp/world/search/cost.html で公表した東南アジアのプノンペン、ヤンゴン、南アジアのコロンボ、ダッカの主要なコストを比較した図表である。当時の為替レート 1 ＄＝108 円換算してすべて日本円でのコストを示している。

図表Ⅴ－17 アジア主要都市プノンペン、コロンボ、ヤンゴン、ダッカの主要
コスト比較

アジア主要20都市コスト比較 2020年3月「ジェトロ」調査期間　～2019年1月

単位：（円）1＄=108円換算	プノンペン（カンボジア）	コロンボ（スリランカ）	ヤンゴン（ミャンマー）	ダッカ（バングラデシュ）
ワーカー賃金（月額）	21,708	15,012	17,496	11,772
エンジニア賃金（月額）	69,984	31,428	37,692	30,996
中間管理職（月額）	120,636	56,808	109,728	85,644
法定最低賃金	19,656/月	5,832/月	338/日	10,260/月
賞与支給額	基本給の1.04ヶ月	基本給の1.77ヶ月	基本給の1.16ヶ月	基本給の1.78ヶ月
社会保障負担率	雇用者負担2.3.4%被雇用者負担0%	雇用者負担15%被雇用者負担8%	雇用者負担7%被雇用者負担6%	雇用者負担7～8%被雇用者負担7～8%
名目賃金上昇率 2016→2017→2018	－	2015→2016→2017 7.3→7.9→9.5	－	2016→2017→2018 6.5→6.5→6.5
工場団地土地購入価格（㎡当たり）	土地購入不可	土地購入不可	外国人土地購入不可	6,820 トンギ
事務所用賃料（月額）（㎡当たり）	1,620～市内中心部	4,104 コロンボ市内	4,320 サクラタワー	1,430～ダッカ
レギュラーガソリン価格（1ℓ）	86	72	56	114
付加価値税	10	15%	5	15
日本への利子送金課税（最高税率）	14	14	15	10
日本への配当送金課税（最高税率）	14	10	0	15

（出所）ジェトロ「投資コスト比較」jetro.go.jp/world/search/cost.html

　比較内容はワーカー賃金月額、エンジニア賃金月額、中間管理職賃金月額、対象国や地域においての法定最低賃金、賞与支給額、社会保障負担率、2016～2018

年の名目賃金上昇率 、1㎡当たり工場団地土地購入価格、1㎡当たりの月額事務所用賃料、1リットル当たりのレギュラーガソリン価格、対象国での付加価値税、日本への利子送金課税の最高税率、日本への配当送金課税の最高税率である。

　この4地域もアジアでも事業活動にともなうコストが低い地域の都市となっており、その中でもダッカのワーカー賃金月額は11,772円、コロンボのワーカー賃金月額は15,012円と他地域のワーカー賃金月額に比べ、若干低めになっている。ダッカはプノンペンの約5割強の金額であり、コロンボは約7割弱の金額となっている。

　エンジニア賃金月額はプノンペンが69,984円と他地域の賃金月額に比べて多い。この地域のエンジニア賃金月額は3万円から4万円前後であり、賃金幅は少ない。

　図表Ⅴ－17中間管理職賃金月額120,636円と他地域の賃金月額に比べて若干多いが、他の職種に比べその差は縮小する。ヤンゴンはプノンペンの約9割強、コロンボはプノンペンの5割弱の金額である。

　この地域の最低賃金は月額若しくは日額で定められており、プノンペンの法定最低賃金は1月当たり19,656円、ダッカの法定最低賃金は1月当たり10,260円である。ヤンゴンの法定最低賃金は1日当たり338円である。

　ダッカの賞与支給額は基本給の1.78か月、コロンボの賞与支給額は基本給の1.77か月と多いがヤンゴンでは基本給の1.16か月、プノンペンでは基本給の1.04か月の金額である。

　社会保障負担率をみるとコロンボでは雇用者側負担は15%である。ヤンゴンとダッカはいずれも雇用者側負担が7%前後である。プノンペンでは雇用者側負担が2～4%であり、低い負担である。

　2017～2019年の名目賃金上昇率はプノンペンとヤンゴンのデータは公表されていない。他の2都市では毎年6%以上の上昇がある。

　1㎡当たり工場団地土地購入価格、1㎡当たりの月額事務所用賃料は対象地区の利便性や周辺のインフラ整備状況までは報告されていないため、ダッカでの取引事例として理解しておきたい。なお、カンボジアでは外国人が土地を所有することは禁じられており、土地を使用するには賃借する必要がある。コロンボでも2014年に外国人は土地を購入できなくなったため土地のリース物件を借りなければならない。ミャンマーでもすべての土地は国家に帰属するとの規定があり、

民間人が土地を利用するには政府からのリース形態で長期の使用権を取得しなければならないことなどを留意しておかなければならない。

　レギュラーガソリンの価格はダッカでは 1 リットル 114 円であるが、プノンペンでは 1 リットル 86 円、コロンボでは 72 円である。

　コロンボ、ダッカでは付加価値税は 15％、プノンペンは 10％、ヤンゴンは 5％の税率を採用している。ヤンゴンでは日本への配当送金は課税されず、日本への利子送金は 15％の税率を採用している。他の都市では日本への利子送金、日本への配当送金はいずれも 10～15％の範囲内で課税される。

7　事業活動のコスト比較分析、まとめ

　以上、横浜、香港、ソウル、シンガポール、台北、北京、上海、武漢、バンコク、クアラルンプール、マニラ、ムンバイ、ジャカルタ、ホーチミン、カラチ、ビエンチャン、プノンペン、コロンボ、ヤンゴン、ダッカについての事業活動のコストについてみてきた。都市によりコストの差はあるが、傾向として東アジア地域では事業コストは相対的に高く、東南アジアの新興メコン地域や南アジアでは相対的に低いことがわかる。

　また、賃金の上昇も中国を除いた東アジア地域では小幅であるのに対し、東南アジアの新興メコン地域や南アジアでは高い上昇を示している。高い賃金の上昇は事業活動のコスト増加を招くが一方で消費市場の拡大も意味している。

　東南アジアの新興メコン地域に属する国はベトナム、ミャンマー、ラオス、カンボジアであるが、すでにベトナムではドイモイ（刷新）政策が 1990 年代に入ってからの ベトナム経済の安定化と比較的高度成長をもたらしている。

　ミャンマーでは近年新会社法の成立や小売・卸、保険の外資開放などを通じたミャンマー政府の投資誘致策に伴い、日本からも企業規模を問わず、様々な業種でビジネスを始める動きがみられていた。しかし、2021 年の軍事政権の復活で今後の事業活動が危惧されている。

　ラオスは東南アジアのなかでも市場は小さいが、タイとの親和性が高く、日系企業の投資分野は製造業、農業、サービス業など多岐にわたっている。特にビエンチャンでは所得の増加に伴い、高品質な商品やサービスに対する需要も高まっ

てきている。

　カンボジアは若年労働者が豊富であり、日系企業による労働集約型の製造業への投資の可能性が高い。ベトナムとの比較において、最低賃金の引き上げによる人件費の負担の増加、労働生産性の低さなどに対する懸念の声もあるが、企業による年間の実質的な人件費負担額はベトナムより低い。また、プノンペンでは同国人や中国人による日本産の食料品の潜在需要が大きいといわれている。

　南アジア地域への日系企業の進出は、距離的側面や文化的差異から東アジアや東南アジアほど進んでいない。南アジアへ進出する日系企業数は北米、中国、東南アジア諸国には及んでいない。しかし、事業活動のコスト面、市場のポテンシャル面からも今後も成長が見込まれる数少ない地域である。アジアに対する認識を南アジアまで面的に広げていくことが求められる。日系企業は東アジアや東南アジアでは現地人材を育成して企業城下町をつくり成功を収めたが、南アジアでは現地企業とのアライアンスや東南アジア拠点と結ぶサプライチェーンづくりなども視野にいれた取組も必要になってくる。

[本章の課題問題]
1　新興メコン地域の事業活動コストについて説明してください。
2　アジア主要国での土地購入や土地活用方法について説明してください。
3　アジア主要国での製造業や流通業の活動メリットについて説明してください。

第VI章　アジア主要国の近年の市場動向

　ミクロ環境分析では想定している市場を客観的に判断して事実を把握しなければならない。この分析を行うことで企業の具他的な活動内容を判断していくことになる。

　本章ではまず、東アジアとアジアの消費動向をコロナ禍前とコロナ禍下を日本の消費動向とも比較しながら把握する。そのうえで次章ではミクロ環境を把握する手法を理解し、分析を行っていきたい。

1　東アジアの市場動向

（1）コロナ禍前の傾向

〈2018 年〉

　図表VI−1 は日本経済新聞が 2018 年 12 月 20 日付で公表した 2018 年の東アジアのヒット商品の図表である。

　中国では国内ではユーザー４億人あるとされる動画投稿アプリの「Tic　Tok」が東アジアのヒット商品として紹介された。この「Tic　Tok」は中国のバイトダンス社が開発運営を行うＳＮＳ（Social networking service：Web 上で社会的ネットワークを構築可能にするサービス）のアプリケーションソフトであり、モバイル端末向けのショートビデオのプラットフォームである。同年の日経マーケティングジャーナルでも日本の 2018 年ヒット商品番付東の横綱として「音楽に合わせ 15 秒のロパク動画を投稿する中国発ＳＮＳアプリ。若者を中心に世界で５億人が利用。世界最大ユニコーン（評価額 10 億$以上の未上場のスタートアップ期にある）企業でも話題に」と紹介されている。

　また、ユーザー数 2.3 億人の「併多多」が格安商品向けネット通販として東アジアのヒット商品に挙げられた。この「併多多」は共同購入システムのＥＣプラットフォーム（販売者と消費者の双方が利用し、それぞれの役割を果たすアプリケーション）機能を持っている。さらに同年ファッションアイテムとして黒マスクがヒット商品として紹介された。

東アジア2018年ヒット商品

中国

Tik Tok	動画投稿アプリ。中国ではユーザー4億人
併多多（ピン）	格安商品向けネット通販。ユーザー2．3億人
黒マスク	ファッションアイテムとして

韓国

クローゼット型衣料清掃機	LG製クリーニングマシーン
ウェブ漫画	13年の約6倍、ドラマ化
Vライブ	芸能人のライブ動画配信

台湾

Eスポーツ関連商品	17年の倍増
韓氏関連グッズ	高雄市市長に当選、国民党
曽拌麺	汁なしまぜ蕎麦即席麺、4袋620円

出所 日本経済新聞 2018 12/20

　東アジアのヒット商品として韓国ではクローゼット型衣料清掃機ＬＧ製クリーニングマシーンが紹介された。このクリーニングマシーンは衣類をハンガーにかけて入れるだけで内部にスチームを満たし、除菌や除臭、シワ取りもできという。ウェブ漫画視聴者は2013年の約6倍に増加し、ドラマ化された。また、ファンとのライブチャットセッション（複数の利用者がリアルタイムにメッセージを送信）、パフォーマンス、リアリティショー（台本のない対応）、アワードショーなどのライブビデオを芸能人が動画配信を行う Vライブが挙げられた。

　台湾ではＥスポーツ関連商品の売上高が 2017 年の倍に増加した。同年の日経マーケティングジャーナルでも日本の 2018 年ヒット商品番付東の小結として「対戦型のゲーム競技。野球やサッカーなどでプロリーグ登場。国内でも 1 億円超の大会が開催予定」と紹介されている。高雄市市長に当選に当選した「国民党韓氏」

の人気が高まり、同氏の関連グッズが取り上げられた。また、同年汁なしまぜ蕎麦即席麺、４袋６２０円「曽拌麺」が紹介された。

図表Ⅵ－2 日経ＭＪ2018年ヒット商品番付

東		西	
横綱	TikTok	横綱	安室奈美恵
大関	サブスクリプション	大関	スマホペイ
大関張出	大坂なおみ	大関張出	羽生結弦
関脇	ゾゾスーツ	関脇	キリンビール「本麒麟」
小結	eスポーツ	小結	Vチューバー
前頭	カメラを止めるな！	前頭	U.S.A.
同	東京ミッドタウン日比谷	同	日本橋高島屋S.C.
同	ニコン「Z7」	同	トヨタ「新型クラウン」
同	サバ缶	同	猛暑消費
同	移動ソニーパーク	同	森ビル チームラボ ボーダレス
同	1000円台パン	同	もち麦おにぎり
同	ボヘミアン・ラプソディ	同	バトルロイヤルゲーム
同	おっさんずラブ	同	タピオカミルクティー
同	グッチ	同	ダッドシューズ
同	資生堂「ジコ」	同	ちふれのコールドクリーム&花王の洗顔ジェル
同	タカラトミー「L.O.L. サプライズ！」	同	ライオン「リード プチ圧力鍋 調理バッグ」
同	男性用メーキャップ	同	ワークマンプラス
同	ごちガスト	同	ハットグ
同	あいみょん	同	米津玄師

御免

殊勲賞　大谷翔平
殊闘賞　サッカーW杯日本代表
技能賞　ムロツヨシ
同　　　紙ストロー

残念賞
流行語賞　ボーっと生きてんじゃねーよ！
仮想通貨バブル

（第48回）行司　日経ＭＪ

<2019 年>

　図表Ⅵ－3 は日本経済新聞が 2019 年 12 月 24 日付で公表した 2018 年の東アジアのヒット商品の図表である。

図表Ⅵ－3 東アジア 2019 年ヒット商品

東アジア2019年ヒット商品
愛国消費

中国

愛国消費	ファーウェイスマホ、中国伝統化粧品百雀羚、スニーカー
ライブコマース	ライブ配信で勧める商品の購入 3800万人独身の日視聴　アジア拡大の可能性
国産アニメ映画	興行収入歴代2位　ナタ~魔童降世~

韓国

ギャラクシーフォルド	5Gサービス4月開始
スマホ決済	ネイバー、カカオ
国産ビールテラ	日本製品不買

台湾

ネット出前サービス	「フードパンダ」飲食店の2割ネット出前対応
同性婚特需	5月合法化、関連需要90億超
即食沙垃胸	調理不要の鶏胸肉

出所　日本経済新聞　2019　12/24

　中国ではファーウェイのスマフォンの購入が伸び同年には出荷台数やシェアにおいて世界第三位まで成長した。化粧品市場においても高価格帯ではロレアルや資生堂などのグローバルブランドの独占があるが、中価格帯以下では中国ブランドがシェアを伸ばしてきており、メイクアップ、スキンケア製品などの中国伝統化粧品「百雀羚」の伸長がある。また服装が自由な職場も多いため、中国ブランドのスニーカー人気が高まっている。中国産商品の購入を行う「愛国消費」の傾向が読み取れる。

　また、ライブ配信で視聴者と配信者がコミュニケーションを行い、商品購入の促進を図るライブコマースが広がる。短時間の配信で多額の売上高を上げる事例

も少なくない。同年 11 月の「独身の日」には 3800 万人視聴があった。

　アニメーション業界では 1 月に公開された「ナタ～魔童降世～」が日本円で 780 億円の収入を上げ、興行収入歴代 2 位を記録した。

　東アジアのヒット商品として韓国では 5G サービスが 4 月に開始されたこともあり、「ギャラクシーフォルド」が紹介された。このスマートフォンは画面ごとに折りたためる初めてのタイプであった。

　また、世界的規模のキャッシュレス化の動きのなか、韓国大手のポータルサイト（インターネットアクセス時の入り口）のネイバーの「ネイバーペイ」やカカオの「カカオペイ」などのスマホ決済が注目された。同年の日経マーケティングジャーナルでも日本の 2019 年ヒット商品番付東の横綱として「キャッシュレス」が挙げられた。2019 年 10 月からの消費税増税の需要平準化対策として同年 10 月から 2020 年 6 月までキャッシュレスで代金を払うと購買金額の 5％（フランチャイズチェーン傘下の店舗は 2％）のポイント還元が行われた。同年は日韓政府の関係悪化の影響を受けて、日本製品不買運動が起こり、韓国産ビールの「テラ」が大ヒットしている。

　台湾ではネットでの出前サービスを提供する「フードパンダ」が急速に伸びる。飲食店の約 2 割ネット出前の対応を行う。この企業の本社はドイツにあり、東南アジアでも成長中である。台湾に進出して 12 年、約 1 万店舗と提携して台湾の 10 エリアをカバーしている。同年の日経マーケティングジャーナルでも日本の 2019 年ヒット商品番付東の小結として「ウーバーイーツ」が紹介されている。日本では 2016 年からサービスが開始され、成長してきた。提携レストラン数はサービス開始時には 150 店舗であったが、2019 年 9 月には 1 万 4,000 店にまで増加した。

　また、同国では同性婚が 2019 年 5 月に合法化され、その関連需要は 90 億円を超えるともいわれている。

　また、同年調理不要のインスタントチキンブレストの「鶏胸肉即食沙垃胸」が紹介されている。

図表Ⅵ－4 日経MJ 2019年ヒット商品番付

2019ヒット商品番付 日経マーケティングJ

東

番付	商品名	寸評
横綱	ラグビーW杯	9～11月に日本で初開催し、延べ170万人の観客を動員。日本代表の活躍でにわかファンも熱狂。ビールなど関連消費も沸いた
大関	令和	5月に平成から改元。祝賀ムードのなか、新元号グッズやイベント、10連休中の海外旅行など消費も活発
関脇	天気の子	料理の宅配代行サービス。対応エリアは全国以上に。8月末には登録店舗数は年間利用は倍の1万4000件
小結	ウーバーイーツ	吹きかけて流すだけの浴室用洗剤。18年10月の発売から1年で全国なお
前頭	ライオン「ルックプラスバスタブクレンジング」	主婦の関心高さから支持
同	渋谷スクランブルスクエア	11月に開業した新商業施設。地上47階建ての大規模複合ビル。開業後4～1月に約537万人が来訪した
同	ハンディファン	手に持てる携帯型の扇風機。猛暑続く今夏は猫舌いない代わりに、ビッグカメラで120万台が品薄に並んだ
同	渋野日向子	8月のゴルフ全英女子オープンで日本勢として42年ぶりメジャー制覇。笑顔のウエアなど人気に
同	アナと雪の女王2	ディズニー映画。アナと雪の女王を6年振り、11月の公開から10日間で33.7万人を動員。興行収入は43億円に
同	洗皿いらず冷食	器までそのまま食べられる冷凍食品「セブン・ニチイ100」ワイルドウィッシュが計画比2倍化された
同	大創産業「UR GLAM」	100円ショップのダイソーで販売したコスメ。高級感のある色合で、発売店舗は半月で約100万個を超え
同	Official髭男dism	男性人気バンド「Pre tender」はオリコンストリーミングチャートで連続週にとり、新曲も続出
同	脱プラスチック	海洋汚染対策でプラスチックストローや容器の使用を取りやめ、ストロー容器の紙類にするなど切り替える企業が相次ぐ
同	あなたの番です	日本テレビ系のドラマ。SNSで犯人捜しの推理をするなど「考察ノート」が盛り上がり視聴率も上昇
同	吉野家超特盛	3月発売の牛丼、肉量4倍の牛丼。牛丼、吉野家の牛丼のかかわら、11月下旬まで380万食
同	ゼンリン	自分の今いる場所の位置情報を地図で共有できるSNSアプリ。中学生の新たな連絡手段に
同	マーナ「トーストスチーマー」	水に浸してトースターに入れると外はカリカリ、中はふわふわな食パンが焼ける。1200円前後
同	ゴールデンフィールド「睡眠用うどん」	おふくろ以上昼寝ほかのきもち。布団の中で筒状のきもち。うどんの味を残した布団。1万5000円前後

西

番付	商品名	寸評
横綱	キャッシュレス	消費増税に伴う政府のポイント還元もあり、キャッシュレス決済が広まる。スマホ決済「ペイペイ」の登録者数が2300万人を超えた
大関	タピオカ	大手チェーンの出店が相次ぎ、1～10月の市内出店が18年通年の4.6倍に。タピオカなどの流行が続く
関脇	ドラクエウォーク	「ドラゴンクエスト」初のスマホ向け位置情報ゲーム。配信から約2カ月で売上が300万を超えた
小結	こだわり酒場のレモンサワー	サントリースピリッツが発売した居酒屋の味わいを楽しめるレモンサワー。計画の5.5倍の販売数となった
前頭	任天堂ニンテンドースイッチライ	人気ゲーム機ニンテンドースイッチの廉価版を発売。発売から2カ月間で日本で約200万台の販売台数
同	バスチー	ローソンが3月に発売した濃厚な味わいのチーズケーキ。累計3500万個を突破し、他のコンビニも追随した
同	鬼滅の刃	人と鬼の闘いを描いた漫画。アニメ化もあり人気漫画に。アニメ化もあって幅広いファンを獲得、累計4500万部を突破
同	八村塁	米プロバスケットボールNBAで日本人で初のドラフト1巡目指名。五輪への出場も期待
同	サンエックスすみっコぐらし	引っ込み思案な日本人に人気のキャラクター。映画が11月公開で劇場版が初週3億の20億突破に。大人も幅広い
同	カニカマ	高たんぱくで低カロリーとして体を気にする人やシニア層が注目。スーパーなどで販売額が増えた
同	ロート製薬デオウ	女性向け加齢臭ケア用品。特有の加齢臭を抑える効果。対象を男性も購入するなど、しらの前年の2.5倍の売れ行き
同	ソニー「ワイヤレスイヤホンWF-1000XM3」	完全ワイヤレスで、電車内や飛行機内でも操作や外音を抑制する多機能ノイズキャンセリング機能を搭載
同	セルフ美容店	エステや脱毛、整体などを安いサービスを取り入れた美容店が相次ぐ。手軽さが女性客の心をつかむ
同	横浜流星	ドラマで初めて恋をした日本初恋純真やマンガ原作の映画やCMなどに次々に出演。存在感を見せつける若手俳優
同	原価酒場	酒類を原価で売る飲食店が増える。客が酒を頼みやすくする工夫で日本未発売や輸入ビールの愛飲なファンも
同	こども六法	小学生の身近に関わる法律をやさしく解説。いじめや虐待などを解説した子ども向けの本がヒット
同	ゼブラブレン	握力の弱い人でも書きやすいストレスを軽減するボールペン。発売初年の1年で300万本を越える大人気商品
同	オオカミちゃんには騙されない	AbemaTVオリジナルの恋愛リアリティーショー。少女の恋心や青春の姿の恋愛をゲームに見立て展開

（２）コロナ禍下の傾向

　図表Ⅵ－5 は日本経済新聞が 2022 年 12 月 22 日付で公表した 2021 年の東アジアのヒット商品の図表である。

図表Ⅵ－5 東アジアの消費傾向 2021 年

東アジア2021年ヒット商品
地元消費　近場観光、国産品、自国の魅力見つめ直す
中国

国産ブランド	化粧品、ワイン、自動車はシェア5割に迫る
紅色旅行	革命の「聖地巡り」活況、共産党創立100年
ﾕﾆﾊﾞｰｻﾙﾀｼﾞｵ北京	9月開業、7つのエリアを持ち、初日入場券即完売

韓国

ドラマイカゲーム	米ネットフリックス世界配信、歴代最多ヒット
小型SUVキャスパー	現代自動車9月発売、130万円台の自動車
イ・ゴンヒコレクション	サムスン元会長が収集した美術品

台湾

金メダルグッズ	東京五輪バトミントンキンメダル獲得関連グッズ
台湾一周自転車旅行	自転車、健康ブーム、8泊9日10万円プラン等
ドラマスカロ	清が台湾を支配した当時の暗い過去を取上げ

出所　日本経済新聞　2021　12/22

　中国では国内に目がむけられ、国産ブランドの化粧品やワイン、自動車はシェア 5 割に迫ったことで「華流ブランド」が開花した年といえる。共産党創立 100 年を迎え、革命の「聖地巡り」活況を呈し、「紅色旅行」が落ち込んでいた同国観光産業の牽引役となる。

　同年 9 月にユニバーサルタジオ北京が開業した。「ハリー・ポッター」など人気作品をテーマにした 7 つのエリアを持ち、初日の入場券は即完売した。地元消費や近場観光、国産品など自国の魅力見つめ直す消費傾向が多方面でみられた。

図表Ⅵ-6 日経ＭＪ2020年ヒット商品番付

2020ヒット商品番付日経マーケティングＪ

御免

	東（外出欲求・巣ごもり・デジタル化）		西
横綱	鬼滅の刃		オンラインツール
大関	おうち料理		フードデリバリー
関脇	任天堂「あつまれ どうぶつの森」		アウトドア
小結	有料ライブ配信		ソニー「プレイステーション５」
前頭	エコバッグ		Ｄ２Ｃ（ダイレクト・ツー・コンシューマー）
同	スキンケア		宅トレ
同	サントリー「伊右衛門」		ユニクロ「エアリズムマスク」
同	紫外線		移動スーパー
同	65歳雇用		「Ｇｏ Ｔｏ」キャンペーン
同	軽自動車		アップル「iPhone」
同	MIYASHITA PARK		スマート店舗
同	完全ワイヤレスイヤホン・ヘッドホン		加湿器
同	NiziU		米沢織
同	育太郎・ワンプ・男性用コスメ		アース製薬「ごくハピ」・アイリスオーヤマ浅田飴の栃木菜
同	クラフトミーキャップ零ポトルマン		コクヨ くだらないもだま
同	香水（婦人）		YOASOBI
同	除草専門店		バナナジュース
同	SABACH		最盛型メークファッション

敢闘賞　植物肉バーガー
技能賞　あざとい
話題賞　ワーケーション

（第50回）特別日経ＭＪ

　東アジアのヒット商品として韓国では米ネットフリックス世界配信し、28日間で１億4,200万世帯が視聴したドラマ「イカゲーム」歴代最多の視聴者数を獲得してヒットした。同年の日経マーケティングジャーナルでも日本の2021年ヒット商品番付東の関脇として「イカゲーム」が挙げられている。巣ごもり消費が引き続き堅調であった結果といえる。

　また、現代自動車９月の発売した小型ＳＵＶ（スポーツ多目的車）「キャスパー」が130万円台の販売価格が発表されると事前予約だけで年内の生産量を大きく超えた。

　同年、サムスン電子での中興の祖といわれる「イ・ゴンヒ」元会長が収集した美術品の一般公開に見学者が殺到している。

　台湾では東京五輪バトミントンで金メダル獲得の瞬間を獲得した瞬間をプリントした交通ICカードなどの関連グッズに注文が殺到した。また、自転車や身近な運動、健康ブームに乗り「台湾一周」、「自転車旅行」に人気がでている。8泊9日で10万円強のプランなど相次いで販売されている。

図表Ⅵ－7　日経MJ 2021年ヒット商品番付

西		東	
横綱	**Z世代** 1990年代半ば以降に生まれたデジタルネーティブ世代。環境や自分らしさを大事にする新時代の消費スタイルを先導、企業にマーケティングの変革を促している	**横綱**	**大谷翔平** 投打の二刀流で野球の常識を打ち破り、日米を沸かせた27歳の現役大リーガー。大リーグのア・リーグMVPを日本選手として20年ぶり獲得
大関	**東京五輪・パラリンピック** 東京での五輪開催は57年ぶりで日本は58個のメダルを獲得。ほぼ無観客開催となり、テレビや宅配食の需要につながる	**大関**	**サステナブル商品** 脱プラスチック製品や古着の再利用、使い捨てにしない容器回収など様々な手法で環境に優しい消費スタイルが広がる
関脇	**シン・エヴァンゲリオン劇場版** 庵野秀明総監督のロボットアニメ完結作。興行収入は100億円を超え、劇場公開終了後すぐに動画配信されて話題に	**関脇**	**イカゲーム** ネットフリックス配信の韓国発ドラマ。賞金のため生死を賭けるゲームを通じて格差社会を風刺し、世界的な話題に
小結	**ゴルフ** 密にならないレジャーとして若者の関心も集める。アルペンが初心者向け店舗を開業、ビームスなどで関連品の販売好調	**小結**	**冷食エコノミー** コロナ下で需要が伸びた家庭用冷凍食品から設立した経済圏が広がる。冷凍庫がよく売れたほか、冷食の自販機も相次ぐ
前頭	**携帯料金プラン** スマホの月額基本料金が3000円を切る割安な設定で、NTTドコモのahamoは契約数が200万件を超える	**前頭**	**スターバックス「47JIMOTOフラペチーノ」** 日本進出25周年記念の期間限定ドリンク。47都道府県ごとに味を変えた「地域のつながり」が支持され、完売する店も
同	**トヨタ自動車「ヤリス」** 高い安全性が特徴のコンパクトカー。シリーズ販売台数は1～10月で前年2～10月比1.6倍。10月まで4カ月連続で首位	**同**	**ホンダ「GB350」** 単気筒エンジンの自動二輪。レトロな姿が20～30代の支持を集め、シリーズで年間目標比1.7倍の約8000台を受注
同	**キリンビール「一番搾り 糖質ゼロ」** 糖質をゼロにした国内初の缶ビールで、販売数は累計2億本突破。コロナ下の巣こもりで高まる健康志向をとらえた	**同**	**アサヒビール「スーパードライ 生ジョッキ缶」** 飲食店の生ビールのような泡立ちを楽しめる缶ビール。一時品薄になったが、年内に累計400万本超の販売を予定
同	**ディスカウント店** コロナ下の食品値上げもあり、低価格販売のスーパーやドラッグストアに注目集まる。マオイコも埼玉に参入した	**同**	**売らないお店** 商品の展示や説明に特化して、販売はネットで行うことでデジタルとリアルを融合。大丸東京店も導入した
同	**ユニクロとGUの吸水ショーツ** 吸水機能付きのショーツで、販売価格を2000円未満に抑え、消費者にとって身近な存在に	**同**	**AOKI「パジャマスーツ」** 着心地の良さと、きっちりとした見た目を両立したテレワーク向けスーツ。累計販売枚数は7万着を超えた
同	**TikTok売れ** 動画投稿アプリ「TikTok」で投稿された動画をきっかけに小説や化粧品、飲料などが相次ぎヒット	**同**	**億ション** 株高などを背景に1億円超のマンションがよく売れ、即日完売の物件も。東京23区のマンション平均価格を押し上げる
同	**ノンアルコール飲料** レモンサワー風やハイボール風、ワイン風など多様な商品が広がる。21年の市場規模は前年比11%増との試算も	**同**	**日本コカ・コーラ「綾鷹カフェ 抹茶ラテ」** 宇治の老舗茶舗と著名コーヒー専門店が監修したペットボトル入り抹茶ラテ。3月の発売後、累計出荷本数は1億本突破
同	**BTS** 韓国発の男性7人組音楽グループ。6月発売のアルバムは約3カ月で累計100万枚を販売。国連総会での演説も話題に	**同**	**マリトッツォ** 生クリームをパンで挟んだイタリア発祥の菓子で、SNS映えすると人気に。山崎製パンは3600万個以上を販売
同	**ソニー「VLOGCAM ZV-E10」** 動画のブログ「Vlog」撮影に特化したデジタルカメラ。BCNによると、9～10月のデジカメ販売シェアトップに	**同**	**バッファロー「nasne（ナスネ）NS-N100」** 録画したテレビ番組をスマホやタブレットでも視聴できる大容量ネットワークレコーダー。一時品薄のECも
同	**丸亀製麺 丸亀うどん弁当** ゆでたてのうどんや天ぷらを詰め合わせたテークアウト商品。390円からというお得感が支持され、1500万食以上を販売	**同**	**日本マクドナルド「サムライマック」** 4月に本格販売した厚みのあるパティが特徴のバーガー。食べ応えがあるため夕食メニューとしても好評
同	**NFT（非代替性トークン）** デジタルコンテンツを「本物」であると証明する仕組み。ゲームやアートで活用広がり、IT企業などが相次ぎ参入	**同**	**つみたてNISA** 積み立て型の少額投資非課税制度。口座数は6月末で417万と、昨年末から1.4倍。20～40代が口座の7割を占める
同	**サイゲームス「ウマ娘 プリティーダービー」** 実在の競走馬をモデルにしたキャラクター育成ゲーム。スマホアプリのダウンロードは1100万を突破	**同**	**呪術廻戦** 呪術を使って戦う少年漫画。シリーズ累計5500万部を発行し、缶コーヒーや菓子、眼鏡などコラボ商品も相次ぐ
同	**チキンバーガー** 鳥貴族ホールディングスの「トリキバーガー」など外食企業が相次ぎ参入し、テー…	**同**	**機内食** 全日空と日本航空が航空機で提供する食事を販売。自宅で旅行気分を楽しめる。全…

御免

殊勲賞　西武園ゆうえんち
敢闘賞　ジェンダーレスファッション
技能賞　配膳ロボット
話題賞　新庄剛志

日経MJが消費動向や世相を踏まえ、売れ行き、開発の着眼点、消費生活者心理に与えた影響などを総合に判断して作成した。「東・西」は大相撲の番付表になぞらい優れた格であることを示す。

（第51回）行司 日経

同年の日経マーケティングジャーナルでも日本の 2021 年ヒット商品番付西の小結として身近な運動、健康志向から「ゴルフ」が挙げられた。密にならないレジャーとして若者の人気も集めた。スポーツ専門店「アルペン」はゴルフ初心者用の店舗をオープンさせた。「ビームズ」などファッションブランドショップでゴルフ関連の商品の販売が好調である。

　また、清が台湾を支配した当時の暗い過去を取上げた歴史ドラマ「スカロ」が台湾人のアイデンティティを刺激した。

2　主要アジア地域の市場動向

（1）コロナ禍前の傾向

＜2018 年＞

　図表Ⅵ－8 は日本経済新聞が 2018 年 12 月 20 日付で公表した 2018 年の主要アジア地域タイ、フィリピン、ベトナムのヒット商品の図表である。

図表Ⅵ－8 主要アジア地域の消費傾向 2018 年タイ、フィリピン、ベトナム

アセアン主要国2018年ヒット商品
「スマホ」が生む新たな消費

タイ

伝統衣装	人気歴史ドラマで火が付き聖地巡礼のために購入
LINE TV	LINEが提供する動画配信サイト
アイコンサイアム	11月に開業したタイ初出店の高島屋が入ったタイ水上市場風巨大商業施設

フィリピン

コインズ.Ph	決済アプリ海外で働くフィリピン人の母国への送金に使用
マリキナ靴	職人の手作り靴で、SNSで顧客を獲得
訪日観光	1～11月は前年比19％の45万人。冬景色が人気

ベトナム

クララ	約11～22万円の電動バイク。日系メーカーの普及モデル
ゴジェック	配車サービス。既存タクシー会社との競争が激化
デリバリーナウ	スマホで注文できるネット出前

　タイでは国内では人気歴史ドラマで火が付き聖地巡礼のために伝統衣装が購入された。 同年、ＬＩＮＥが提供する無料の動画配信サイト「ＬＩＮＥ　ＴＶ」が徹底したローカライズを実践した結果、人気を集める。

　また、11 月に開業したタイ初出店の高島屋が入ったタイ水上市場風巨大商業施設の「アイコンサイアム」が注目される。この「アイコンサイアム」はバンコクのチャオプラヤー川ほとりにあるアジアでも最大規模のショッピングモールである。

　フィリピンでは海外で働くフィリピン人の母国への送金に使用される決済アプリ「コインズ.Ph」が急成長した。この「コインズ.Ph」は 2014 年にスタートしたビットコイン（暗号通貨）取引の交換所である。同国では仮想通貨の流通が劇的に増加している。

　マニラ近郊のマリキナ市では職人の手作りで「マリキナ靴」が生産されており、SNS の活用で多くの顧客を獲得した。また、訪日観光が冬景色で人気が高まり 1 ～11 月は前年比 19％の 45 万人が日本を訪れている。

　ベトナムでは 11 月に同国のコングロマリット（複合企業）の「ビングループ」が約 11～22 万円の電動バイク「クララ」を発売し、人気を得た。このバイクは日系メーカーの普及モデルと位置づけられている。

　8 月ホーチンミン市でインドネシア配車アプリ大手の「ゴジェック」がサービスを開始した。既存タクシー会社との競争激化が予想された。

　また、ベトナムではデリバリーが発達しており、多くの企業が業界に参入しているが、スマホで注文できるネット出前 「デリバリーナウ」が注目された。ローカルフード分野への同社の対応が地元で評価されている。

　図表Ⅵ－9 は日本経済新聞が 2018 年 12 月 20 日付で公表した 2018 年の主要アジア地域ミャンマー、インド（2017 年）のヒット商品の図表である。

　ミャンマーでは 割安の携帯通信業者「マイテル（テレコム・インターナショナル・ミャンマー）」が人気を集めた。この「マイテル」は同国の地元企業連合が 51％、ベトテル（ベトナム軍隊通信グループ）が 49％出資して設立された。

同年、日本で活動を続けているミャンマーヤンゴン出身の歌手・俳優「森崎ウィン」が紹介された。

　また、携帯電話や家電製品の購入代金を融資する消費者ローン「イオンマイクロファイナンス」が人気を集めた。同ファイナンスは家電や携帯電話の販売店などと加盟店契約を結び、融資や審査、代金回収など与信管理を行っている。

図表VI－9 主要アジア地域の消費傾向 2018 年ミャンマー、インド

アジア主要国2018年ヒット商品
「スマホ」が生む新たな消費

ミャンマー

マイテル	割安の携帯通信業者
森崎ウィン	ミャンマー出身の歌手・俳優
イオンマイクロファイナンス	携帯電話や家電製品の購入代金を融資する消費者ローン

インド2017

モバイル決済	「グーグルTez」音によるモバイル決済。1200万人
クラフトビール「ビラ」	地元ビール。価格が安い
ガラケースマホ「ジオ・フォーン」	第四世代通信対応。動画可能

出所 日本経済新聞 2018 12/20

　インドでは 2017 年 9 月音による新しいモバイル決済アプリ「グーグル TEZ」が発表、発売され、1200 万人が利用した。このアプリはユーザーの銀行口座と紐付され、送金、入金、買物代金の支払いができる。　英語とインド国内で使用されている 7 つの言語に対応している。同年、価格が安い地元のクラフト（手作り）ビール「ビラ」の人気が高まり、ニューデリー、ムンバイ、ベンガルールのビール市場で 5～10％のシェアを獲得した。

　また、第四世代通信対応で動画可能なガラケースマホ（フィーチャーフォン）の「ジオ・フォーン」人気を集めた。インドの市場においてシンプル、軽くて頑丈な形状、電池の持ち、低価格といった特徴が好まれた理由として挙げられる。

〈2019 年〉

　図表Ⅵ－10 は日本経済新聞が 2019 年 12 月 24 日付で公表した 2019 年の主要アジア地域インドネシア、シンガポール、マレーシアのヒット商品の図表である。

図表Ⅵ－10 主要アジア地域の消費傾向 2019 年インドネシア、シンガポール、マレーシア

アセアン主要国2019年ヒット商品
「スマホ」が生む新たな消費

インドネシア

MRT	都市部の大量高速輸送
Fore Coffee	スマホアプリで注文～決済チェーン店、100店超
Pay Later	後払いスマホ決済

クレジットカードは普及せず

シンガポール

ジュエル	空港内巨大モール、チャンギ空港、1日30万人
ペイナウ	口座不要の送金サービス電話番号で300万人
アルミ・竹ストロー	プラスティックストロー廃止、急増

マレーシア

タピオカ	飲み物や火鍋に入れ人気
ダック	ハラル認証を受けた化粧品
ネット出前	「グラブフード」「フードパンダ」など一気に普及

出所　日本経済新聞 2019　12/24

　インドネシアでは都市部の大量高速輸送「ＭＲＴ（Mass Rapid Transit：地下鉄）」が 3 月に開業した。ジャカルタ首都圏の人口は 2,200 万人を超えており、郊外からの交通量が増加、深刻な交通渋滞や大気汚染の改善が期待された。

スマホアプリで注文を受け付ける「FORE　Coffee」チェーン店が 100 店を超えた。オンライン・ツー・オフライン（インターネット上のサービスを使い実店舗へ客を呼び込む）型 E コマースを採用する。同国のミレニアル世代（2000 年以降に成人を迎えた世代）に特有の便利で動きの早いライフスタイルに対応した。

また、後払いスマホ決済「Pay Later」が人気を集めた。この「Pay Later」は商品やサービスを購入した後に代金を支払う仕組みである。クレジットカードの作成は不要で電話番号やメールアドレスの登録のみで購入が可能である。学生などクレジットカードを持てない層も気軽に利用ができる点が評価を得た。

シンガポールではチャンギ空港にある空港内巨大モール「ジュエル」が注目された。1 日 30 万人の集客があった。同国最大級の屋内植物園や巨大なウオーターフォール、スカイトレインが横断し、ホテルも完備された。

同年口座不要の送金サービス「ペイナウ」利用者が 300 万人に達した。シンガポール銀行協会が実施する個人間のデジタル送金サービスであり、電話番号のみで利用でき 24 時間 365 日、送金と受取を可能にした。

また、プラスティックストロー廃止され、アルミ・竹ストローが急増したことが報道された。

マレーシアでは「タピオカ（キャサバの根茎から製造された澱粉）」が飲み物や火鍋に入れられて人気がでた。

図表Ⅵ-11 クアラルンプールの日系ショッピングセンター
ハラル認証を受けた洗剤が販売されている。

　同年、ハラル認証を受けた化粧品「ダック」はイスラム教の女性たちでも安心して使える製品であり、高い人気がでた。女性は1日5回の礼拝時にはメイクを落とす必要があり、簡単で使いやすい製品がムスリムから支持を集めた。

　また、「グラブフード」、「フードパンダ」など「ネット出前」が一気に普及した。「グラブフード」は配車サービスを行う「グラブ」が行うフードデリバリーサービスであり、「フードパンダ」はドイツ発のフードデリバリーサービスである。

　図表Ⅵ－12は日本経済新聞が2019年12月24日付で公表した2019年の主要アジア地域ミャンマー、インドのヒット商品の図表である。

　　　　図表Ⅵ－12 主要アジア地域の消費傾向 2019年ミャンマー、インド

アジア主要国2019年ヒット商品
「スマホ」が生む新たな消費

ミャンマー

スマホ決済	「カンボーザ銀行」「郵電公社」など普及すすむ
歴史建築物	英領植民地時代建物の再開発進む
宅配サービス ヤンゴンド72ドア	バイク禁止のヤンゴで自転車活用の飲食デリバリーサービス拡大

インド

マスク	大気汚染世界で最も深刻、販売急増
Spotify	音楽配信サブスクリプションサービス、ローカル言語対応曲も人気
Dunzo	スマホアプリ宅配サービス、あらゆる商品宅配

サブスクリプションサービス：数ではなく期間に対して対価を払う方式

出所　日本経済新聞　2019 12/24

　ミャンマーでは「カンボーザ銀行」、「郵電公社」などでスマホ決済普及がすすんだ。　「カンボーザ銀行」では同行が展開する電子決済サービスの「KBZペイ」

で全国の現金自動与払機で現金を引き出せる機能を導入した。「郵電公社」は約2,500万人の携帯回線の利用者を有しており、キャッスレス決済に弾みがついた。

　同年、旧ビルマ省庁舎が博物館に生まれ変わるなど英領植民地時代建物の「歴史建築物」の再開発進んだ。

　また、バイク禁止のヤンゴで自転車活用の飲食デリバリー宅配サービス「ヤンゴンドア2ドア」が拡大した。80軒以上ある提携レストランから好きなメニューを選択できる点が評価を得た。スマホアプリを使って注文する顧客が増加している。

　インドでは大気汚染世界で深刻であり、特に気温の低下する10月から1月下旬頃まで汚染が顕著にある。マスクの販売急増が急増した。

　音楽配信をサブスクリプション（サービス数ではなく期間に対して対価を払う方式）で提供する「SPOTIFY」は4,000万曲以上のアクセスを提供した。ローカル言語対応曲も人気がでた。

　また、スマホアプリで宅配サービス行う「DUNZO」が注目された。バンガロールを拠点とする同社はあらゆる商品の宅配を行っている。

（2）コロナ禍下の傾向

　図表VI−13は日本経済新聞が2022年12月22日付で公表した 2021年の東南アジア主要国インドネシア、シンガポール、マレーシアのヒット商品の図表である。

　インドネシアではジョコ大統領が2060年の「カーボンニュートラル（温室効果ガスの排出量から吸収量と除去量を引いた合計をゼロにする）」実現を宣言した影響で電動車の販売台数が急増した。2021年の上半期だけで2020年の通年販売台数を上回っている。

　同年、「Ajaib」は個人が簡単に株取引をスマホで行えるアプリである。同国260万人の投資家のうち100万人が登録した。

　また、もともと国技であるバトミントが東京五輪の女子ダブルスで競合の中国を破り、金メダルを獲得したことで人気が沸騰した。

　シンガポールではサーファーたちが地元の海に繰り出しだし、風でボードを操

る「ウィングフォイル」という地元でのレジャーが流行した。

　同年、台湾テイスト「ティンダイフォン」風の卵チャーハン「キング・オブ・フライドライス」などの屋台に長蛇の列ができた。

　また、在宅勤務長期化するなかで、高級・珍種の観葉植物愛好家やコミュニティーガーデンが急増した。

　マレーシアでは同国屈指の「ランカウイ島」が 9 月中旬からワクチン接種済みの国内旅行者を受け入れ始めた。最初の 1 か月で 9 万人近くが訪問し、地元の経済は急速に息を吹き返した。

　同年、自国醸造の国産ウイスキー「ティマ」が 2020 年米国での国際大会で銀賞を受賞し、知名度を高めた。

　また、キャンプやハイキングなど大都市住民の間で週末アウトドアを楽しむ人が急増した。景観の良い「ラワン地区」などが混雑している。

図表Ⅵ−13 主要アジア地域の消費傾向 2021 年インドネシア、シンガポール、マレーシア

アセアン主要国2021年ヒット商品
電動化の波、自国の魅力見つめ直す、近場観光

インドネシア

電気自動車	2060年「カーボンニュートラル」実現を宣言
スマホ株取引	個人がスマホアプリで取引、100万人が登録
バドミントン	国技、東京五輪女子ダブルスで金メダル

カーボンニュートラル:温室効果ガスの排出量から吸収量と除去量を引いた合計をゼロに

シンガポール

地元シースポーツ	風でボードを操るウィングフォイル流行
有名店卵焼飯	台湾テイスト焼飯屋台に長蛇の列
ガーデニング	在宅勤務長期化、観葉植物愛好家急増

マレーシア

ランカウイ島	ビーチリゾート、9月ワクチン摂取済み国内旅行者受入
国産ウイスキー	「ティマ」自国醸造、国際大会で銀賞受賞
キャンプ、ハイキング	大都市住民の週末アウトドアが人気

出所　日本経済新聞　2021　12/22

図表Ⅵ－14 は日本経済新聞が 2022 年 12 月 22 日付で公表した 2021 年の東南アジア主要国タイ、フィリピン、ベトナムのヒット商品の図表である。

図表Ⅵ－14 主要アジア地域の消費傾向 2021 年タイ、フィリピン、ベトナム

アセアン主要国2021年ヒット商品
手軽なスポーツ、自宅環境改善

タイ

スケートボード	商業集積専用広場を開設、空前のブームに
音声SNSクラブハウス	若者の政治談議の場、10万人以上
コンビニ自販機	コンビニ営業時間短縮の代替策

フィリピン

縄跳び	家で手軽にできるスポーツとして人気
家具購入	自宅環境改善、イケアがマニラで活況
スケートボード	東京五輪で自国選手活躍、若者が夢中に

ベトナム

都市鉄道	ベトナム初、11月開業
マンション内市場	居住者が商品調達し、同じマンション内顧客に販売
自転車	都市部で週末に楽しむ、販売台数5割増加

出所 日本経済新聞 2021 12/22

　タイではスケードボードやそれより一回り大きいサーフスケートの商業集積専用広場が開設され、空前のブームになった。ボードの再入荷まで数か月待ちのブランドもみられる。

　同年、音声ＳＮＳの「クラブハウス」が若者らの新たな政治談議の場として利用が広がった。同国での利用者は 10 万人以上との報道もある。

　また、コロナで営業時間短縮を迫られた大手が代替策としてコンビニ自販機を展開した。ここでは菓子やカップ麺、飲料などが販売されている。

　フィリピンではジャンプロープ（縄跳び）が家で手軽にできるスポーツとして人気がでた。2020 年に競技団体が設立され、ＳＮＳで技術を披露する動画も増加している。

　同年、自宅の環境改善のため在宅中の家具購入需要が拡大した。マニラで開業した「イケア」の大型家具販売店が活況を呈している。

　また、東京五輪での自国女子選手「マージリン・ディダル」のスケートボードでの活躍で、若者がこぞってスケートボードに夢中になる。

　ベトナムでは同国初の都市鉄道が首都ハノイで 11 月に開業した。駅数は 12 か所であり、開業から 2 日間で約 8 万人が乗車している。

　同年マンション居住者が販売者としれ商品を調達し、ＳＮＳ経由で同じマンション内顧客に販売する「マンション内市場」がコロナ禍で利用者が増加した。

　また、都市部で週末にサイクリングを楽しむ人が増加し、大手メーカーの自転車販売台数は 5 割増加で推移している。

　図表Ⅵ－15 は日本経済新聞が 2022 年 12 月 22 日付で公表した 2021 年のアジア主要国ミャンマー、インドのヒット商品の図表である。

図表Ⅵ－15 主要アジア地域の消費傾向 2021 年ミャンマー、インド

アジア主要国2021年ヒット商品
電動化の波、自国の魅力見つめ直す

ミャンマー

仮想私設網	2月クーデター以降、規制迂回のVPN急増
ビール	国軍系のミャンマービール不買運動、切替
自宅用火鍋セット	9月頃まで多くの飲食店休業、手軽な火鍋セットが人気に

VPN:仮想私設網、接続したい拠点にルーター(接続機器)を設置、特定の人のみ相互通信を行える

インド

電動二輪	政府の購入補助、電動スクーター販売急増
ソーシャルコマース	SNSと連携して衣服などを販売、「ミーショ」ダウンロード数約5,700万
多目的スポーツ車	SUV(スポーツユーティリティビークル)セダンを上回る売れ行き

ソーシャルコマース:SNS上で商品を購入する仕組みを取り入れる、投稿から直接購入も可能

出所　日本経済新聞　2021　12/22

　ミャンマーでは 2 月クーデター以降、ＳＮＳへの接続が制限された。規制迂回を迂回するためのＶＰＮ（仮想私設網、接続したい拠点にルーター：接続機器を

設置、特定の人のみ相互通信を行える）の利用が急増した。

　同年、国軍系の「ミャンマー・ビール」が不買運動の対象となり、タイの「チャーン」など「ミャンマー・ビール」以外のビール製品に切り替えがすすんだ。

図表VI－16　ミャンマー・ビール

日本の「キリン」は 2015 年最大手ミャンマー・ブルワリー買収、

2017 年マンダレー ・ブルワリー買収、2020 年事業利益の 9%を占めた。

2021 年 2 月クーデター勃発、現地企業との合弁を解消大きな影響を受ける。

　また、コロナ禍や政情不安で 9 月頃まで多くの飲食店が休業した。手軽に火鍋を楽しめる自宅用火鍋セットに人気がでた。

　インドでは政府の購入補助を受け、四輪よりコストの低い二輪車で電動化がすすんだ。電動スクーターなど電動二輪車の販売が急増した。

　同年、ＳＮＳと連携して衣服などを販売するソーシャルコマース（ＳＮＳ上で商品を購入する仕組みを取り入れる、投稿から直接購入も可能）の「ミーショ」がダウンロード数約 5,700 万を記録した。

　また、ＳＵＶ（多目的スポーツ車）の手ごろな価格の車種が増加し、セダンを上回る売れ行きを示した。マルチ・スズキや現代自動車が存在感をだした。

3　アジア主要国の近年の市場動向のまとめ

　以上、東アジアの中国、韓国、台湾、日本、アジア主要国であるタイ、フィリ
ピン、ベトナム、ミャンマー、インドネシア、シンガポール、マレーシア、イン
ドの近年の市場の動向をみてきた。

　2019 年までのコロナ禍前はそれぞれの国により若干の違いはあるもののＳＮ
Ｓのアプリケーションソフト、世界的規模のキャッシュレス化の動きのなかでの
スマホ決済送金に使用される決済アプリと決済普及、スマホを使ったネットでの
出前サービス、デリバリー宅配サービスなど、「スマホが生む新たな消費」ともい
える大きな潮流があったといえる。

　2020 年以降のコロナ禍下においてもコロナ禍前と同様にスマホ使って行う活
動の継続がみられた。個人が簡単に株取引をスマホで行えるアプリ、音声ＳＮＳ
でのコミュニケーションの場作り、ＳＮＳでのスポーツ技術の披露、ソーシャル
コマースのアプリの多数のダウンロードなどがみられた。

　一方、2020 年、2021 年と２年間も続いているコロナ禍下ではコロナ禍前とは異
なる人気となった商品やサービスがでてきている。

　新型コロナウィルスの感染拡大で海外への渡航制限が続くなか、自国を見つめ
直す機運が高まり、中国の「華流ブランド」、シンガポールでの地元シースポーツ、
マレーシアでの自国ビーチリゾートへの地元客の訪問など近場の観光や自国製品
の購入といった地元消費の芽が育つ結果を招いている。また、この２年間、巣篭
り消費の傾向も堅調に継続している。

　一方、世界的に「サステナビリティ」や「カーボンゼロ」が話題になり、電気
自動車や電動スクーター、使い捨てしない容器への変更など環境に優しい消費ス
タイルも広がったといえる。

[本章の課題問題]

1　コロナ禍前の東アジアのヒット商品について説明してください。

2　コロナ禍下アジア主要国でのヒット商品について説明してください。

3　コロナ禍後の消費傾向について予測してください。

第Ⅶ章　海外市場ミクロ環境把握

国際的なマーケティング活動を行っていくうえでのミクロ環境分析には顧客、市場、競合の 3 つの分野が存在する。そのためには 3 C 分析や 4 P 分析の視点から分析を行い、戦略を策定したうえでのそれ以降の具体的な計画作りが求められる。

1　3C分析

図表Ⅶ-1　3C分析　市場、競合、自社との関係

3C分析

顧客
市場

市場規模・成長性
展開エリア
購買決定要因
価格、収益性、トレンド感受性
信用重視、ブランドロイヤルティ
ライフスタイル、家族、年齢etc
最も満足している顧客、顧客にとっての価値は？
予期せぬ顧客
顧客であるはずなのに顧客になっていない人々？
変化を機会として活用(ドラッカー)

専門サービス
効能の高い製品

集中

一般的要因
製品・サービス
強み・弱み
営業方法

自社

競合

第三者機関検査結果

把握内容
シェア・動向
強み・弱み
潜在的ライバル

差別化
何をやらないかを決める(ポーター)

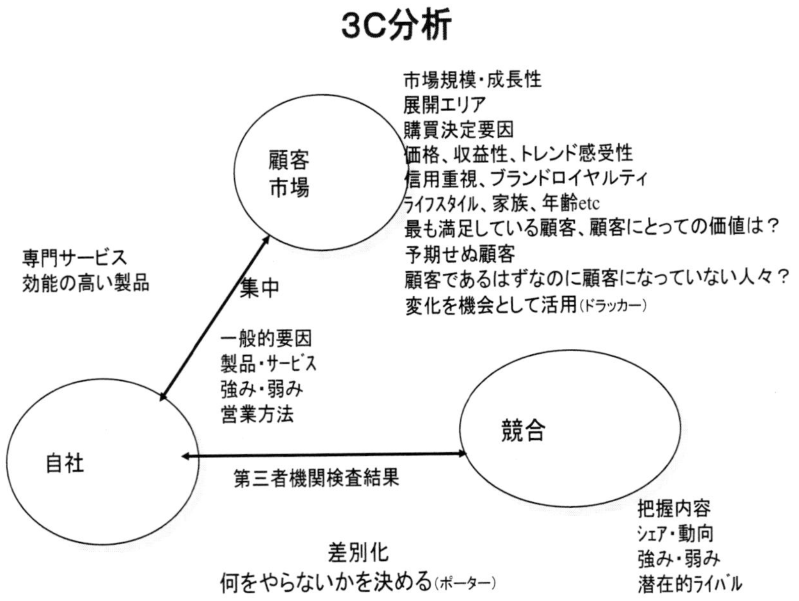

図表Ⅶ-1は市場、競合、自社との関係を表している。

3C分析とは顧客（Customer）、競合（Competitor）、自社（Company）の 3 つのCを分析することにより、ビジネスの環境の事実を把握していくことである。

すなわち３つのそれぞれの観点から分析や検討を行い、ＫＦＳ（Key　Factor　for Success：重要成功要因）を見つけていくことである。

（１）**顧客**(Customer)

　顧客については以下の視点から分析していく必要がある。

＜どんな人が顧客なのか＞

　対象となる市場での顧客人口、可処分所得より見込まれる市場規模、今後の市場の成長性、一世帯当たりの家族数や家族構成、ターゲットとして想定される顧客の年齢や性別、職業、ライフスタイル（生活様式）、本来顧客であるはずなのに顧客になっていない人々はいないのか、最も満足している顧客誰か、その顧客にとっての価値は何か、また、予期していなかった顧客は誰か、などを分析把握していく。さらに、市場や顧客の変化を機会として活用していくことも視野に入れていかなければならない。

図表Ⅶ－2　ライフスタイル分類

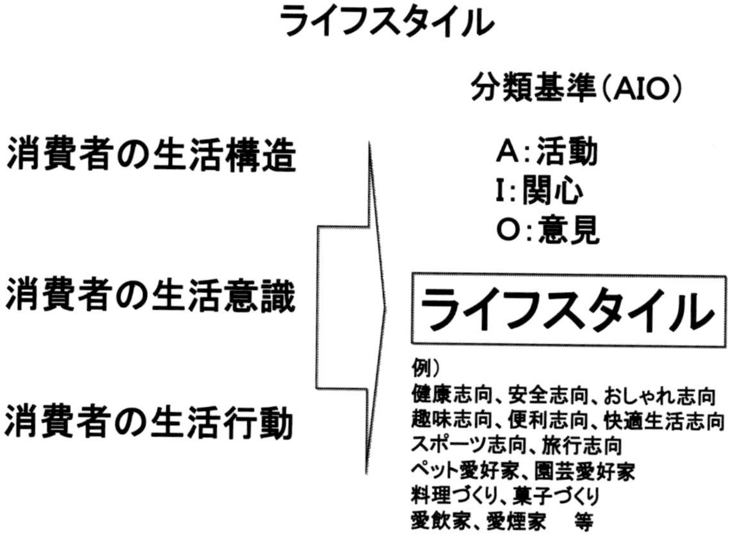

ライフスタイル

分類基準（AIO）

消費者の生活構造　　　　　A:活動
　　　　　　　　　　　　　　I:関心
　　　　　　　　　　　　　　O:意見

消費者の生活意識　　　　　ライフスタイル

消費者の生活行動

例）
健康志向、安全志向、おしゃれ志向
趣味志向、便利志向、快適生活志向
スポーツ志向、旅行志向
ペット愛好家、園芸愛好家
料理づくり、菓子づくり
愛飲家、愛煙家　等

図表Ⅶ-2 はライフスタイル分類の基準を示している。ライフスタイルは消費者の活動、関心、意見などに現れてくる。すなわち、人それぞれの生活パターンであるともいえる。

　購買決定要因の中には顧客のライフスタイルによる要因がある。このライフスタイルは顧客の生活構造、生活意識、生活行動より生活様式に差異が発生することを示している。これらにより購買行動はライフスタイルにより影響を受けることになる。心理学的属性（psychographics）の具体的な例として以下のものが示される。健康志向、安全志向、おしゃれ志向、趣味志向、便利志向、快適生活志向 スポーツ志向、旅行志向ペット愛好家、園芸愛好家、料理づくり、菓子づくり愛飲家、愛煙家等の様々なスタイルが存在している。

　また、心理的特性からは実現者（人の上に立つ人等）、充足者（思慮深い人等）、達成者（キャリアを重視する人等）、経験者（元気で情熱的な人等）、信奉者（保守的で伝統を重んじる人等）、懸命者（他人の賞賛を求める人等）、創作者（伝統的で家族を大切にする人等）、苦悩者（受け身で心配事を抱えている人等）といった 8 つの傾向のグループに分類されることもある。したがて、購買決定の判断基準は自ずとそれぞれにより違ってくることになる。

図表Ⅶ-3　顧客が満足していない不満と未満

顧客が満足していない2つの状況とは

	不満足	未満足
性格	マイナスの満足	ゼロの満足
顧客行動	告発運動	買い控え
企業対応	公害防止対策	満足推進
顧客効果	マイナスをゼロに	ゼロをプラスに
企業効果	顧客の維持	顧客の創造

＜顧客のニーズ＞

　顕在的なニーズだけでなく、潜在的な欲求であるウオンツである深層ニーズを把握していく必要があり、未充足な部分を知り、今後の改善につなげていく。

　図表Ⅶ－3 は顧客が満足していない 2 つの状況を示している。発展途上社会と成熟化社会では企業に求められる顧客満足実現には異なりが発生する。発展途上中の社会では市場での需要は旺盛であり、企業による製品やサービスの効率的な提供が望まれる。顧客の隅々まで製品やサービスが行き渡っていくことが大きなテーマである。

　成熟化社会では既になんらかの製品やサービスでは市場に出回っているが、市場で支持される商品とそうではない製品やサービスが併存している。今までにないベネフィットを提供することで、顧客の買い控えをなくし新たな顧客の創造を実現させることが可能となる。

＜購買決定のプロセス＞

　購買の際に重視するポイントの把握をする。購買者も情報収集の方法や購買までに要する時間、使用頻度などの明確化を行う。

　図表Ⅶ－4 は消費者行動パターンの変化を示した図表である。近年、購買者の情報収集の方法や購買までに要する時間などの購買行動が変わってきている。第Ⅶ章でみたように日本を含めたアジアの主要国においてＳＮＳのアプリケーションソフト、世界的規模のキャッシュレス化の動きのなかでのスマホ決済送金に使用される決済アプリと決済普及、スマホを使ったネットでの出前サービス、デリバリー宅配サービスなどスマホやＳＮＳを用いた行動が顕著にみられるようになった。

　従来型消費行動ではまったく知らないものや興味のないものは消費者が購買しないという前提で「アイドマ（AIDMA）」の法則が消費活動の仮説として捉えられていた。しかし、現在はインターネットを通して誰でも情報を得ることができ、ＳＮＳでも情報を容易にシェアすることが可能になっている。インターネット普及後の消費行動を示した「アイサス（AISAS）」の法則が消費活動の仮説として理解されるようになった。この「アイサス」の法則にはインターネットに関連された行動のプロセスが入っていることに特徴があるといえる。

図表Ⅶ－4 消費者行動パターンの変化

消費者行動パターン

従来型消費行動　　　　　　近年の消費行動

A①注目 Attention　　　　　　A①注目 Attention

I②興味 Interest　　　　　　　I②興味 Interest

D③欲望 Desire　　　　　　　S③検索 Search

M④記憶 Memory　　　　　　A④行動 Action

A⑤行動 Action　　　　　　　S⑤共有 Share

＜購買特性＞

　購買者の購入時の拘りであるブランドや店舗に対する信用重視度、ロイヤルティ（Loyalty：忠誠心）を把握し、どこで購入するのかまた、どのように購入するのかを明確にする。

＜購買決定者＞

　購入の際、誰が決定するのかまた、大きく影響を及ぼすのかを把握する。

　図表Ⅶ－4 は 2021 年時点の日本の世代別ライフスタイルの特徴を示した図表である。

　わが国の第二次世界大戦以降に生まれた年代により世代（同時代に生まれ、共通した考え方と感じ方を持つ年代層）間に価値観やライフスタイルに異なりがみられ、購買決定に影響を与えていることが考えられる。

図表Ⅶ−4　年齢別ライフスタイルの特徴（2021）

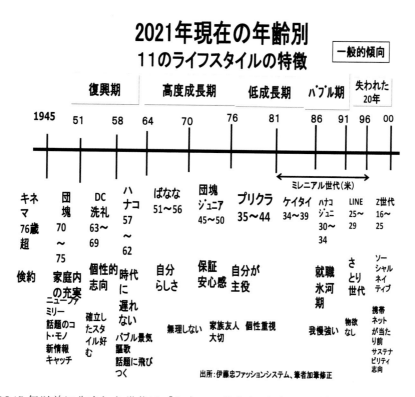

　1945年以前に生まれた世代は「キネマ」世代と呼ばれ、年齢は76歳を超えており、ライフスタイルの特徴は昔ながらの「世間体」意識が残っており、倹約志向が強いことである。

　1945～1951年に生まれた世代は「団塊」世代と呼ばれ、年齢は70～75歳であり、ライフスタイルの特徴は家庭内の充実志向が強く、「ニューファミリー（第二次世界大戦後のベビーブーム期以降に生まれた世代の若い夫婦と子供たちが構成する家庭）」を形成した。この「団塊」世代はマイホームを持ち、ファッションや趣味などに敏感で友達のような親子・夫婦といった、親子のへだてがない家庭づくりを行っている。話題のコトやモノの新情報を敏感にキャッチする特徴がある。

　1951～1958年に生まれた世代は「ＤＣ洗礼」世代と呼ばれ、年齢は63～69歳

であり、ライフスタイルの特徴はＤＣブランド（日本のアパレルメーカーによる高級ファッションブランドの総称）ブームの影響から自分のスタイルに拘り、個性的志向が強くマスマーケット商品とは距離を置き、確立したスタイルを好む傾向がある。

1958〜1964年に生まれた世代は「ハナコ」世代と呼ばれ、年齢は57〜62歳であり、ライフスタイルの特徴として消費は自分を高める手段と考え、ステイタスや話題性を重視する。華やかで勢いのあったバブル景気の時代を謳歌し、時代に遅れない上昇志向が強いという傾向がある。

1964〜1970年に生まれた世代は「バナナ」世代と呼ばれ、年齢は51〜56歳であり、ライフスタイルの特徴として20代でバブル景気とその崩壊を経験し、地に足がついた暮らしを志向する。時代に踊らされることを嫌い、身の丈志向の堅実なものを好み、自分らしいモノやコトを選ぶという傾向がある。

1970〜1976年に生まれた世代は「団塊ジュニア」世代と呼ばれ、年齢は45〜50歳であり、ライフスタイルの特徴としてバブル崩壊で就職困難になったことが経験則となり、強い現実志向と自己防衛意識を持つ。お墨付きのあるモノやリスクヘッジされたモノを選ぶ堅実な志向がある。「人並みレベル」を重視するという傾向がある。

1976〜1981年に生まれた世代は「プリクラ」世代と呼ばれ、年齢は35〜44歳であり、ライフスタイルの特徴として2000年代初頭の就職氷河期を経験し、頼れるものは自分だけという危機意識を持っている。自分の好きを基準にモノを選び、志向を同じくする仲間とつながる。自分基準で編集する感覚を持ち、自分が主役という傾向がある。

1976〜1981年に生まれた世代は「ケイタイ」世代と呼ばれ、年齢は34〜39歳であり、ライフスタイルの特徴として自ら動くよりも環境に適応し、お膳立てされたプランに乗ることに注力する。客観的な視点で間違えないものを選び、他者から受ける評価を先読みする傾向がある。

1986〜1991年に生まれた世代は「ハナコジュニア」世代と呼ばれ、年齢は30〜34歳であり、ライフスタイルの特徴として社会の状況を冷静に分析し、自らの実現可能な目標を設定し、安定を確実に得ようとする我慢強い特徴がある。周囲からの評価を考え、年相応意識でモノを選ぶ傾向が強い。

　1991〜1996 年に生まれた世代は「LINE」世代と呼ばれ、年齢は 25〜29 歳であり、ライフスタイルの特徴として自己の進む道はあらかじめ決められたガイドラインや先行事例をなぞる傾向が強い。デジタル化、ソーシャル化の進行により他人の眼を意識する人が多い。身近な人が発信する情報を重視し、どんな相手にも受け入れられるような最大公約数的なモノを選ぶ傾向が強い。

　1996〜2000 年に生まれた世代は「Z」世代と呼ばれ、年齢は 16〜25 歳であり、ライフスタイルの特徴として己の立ち位置を客観視する傾向がある。物心ついた頃には SNS が浸透しており、デジタルネイティブ（digital　native）世代とも呼ばれ、ネット上に細分化されたロールモデル（模範となる人物）が多数存在する。自らの消費行動を通して社会の課題解決に貢献したいという考え方から、社会や環境のサステナビリティ（持続可能性）への関心の傾向が強い。

　同時代に生まれ、共通した考え方と感じ方を持つ年代層間に価値観やライフスタイルに異なりが生じる要因として、消費活動を自己の裁量で行えるようになった時期の社会環境やカルチャーからの影響が考えられる。

　第Ⅳ章では東アジアとアジア主要国のデモグラフィク（人口統計学）視点からの分析及び把握で年齢別の人口構成や市場の成長性などをみた。さらに詳しく消費動向の分析や予測をしていくためには当該国の世代別の価値観やライフスタイルの特徴を把握していく必要があろう。

　図表Ⅶ−5 は人の価値観、信念、態度、行動などに強い影響を与える準拠集団（reference　group）を示した図表である。その人の態度や行動に、直接的または間接的に影響を与えるすべての集団を指す。参考にする人々の集まりであり、個人の購買行動に影響を与える。新しい行動やライフスタイルを示し、個人の態度や価値観に影響を与える。

　直接に影響を与えるのは第一次準拠集団である。この集団には家族、友人、近所の人、職場の同僚など持続性がありインフォーマルな付き合いのあるグループである。

　第二次準拠集団は業界団体、労働組合、同窓、政党、軍部などフォーマルで毎日顔を合わせることのないグループである。準拠集団は通常、周りと同じでな

ければならないというプレッシャーを与えている。

図表Ⅶ－5　準拠集団

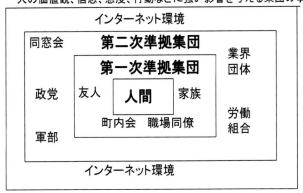

準拠集団(reference group)

人の価値観、信念、態度、行動などに強い影響を与える集団の事

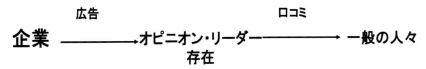

オピニオン・リーダー：ある集団の意見の形成に方向づけをする人

　現在はこれらの準拠集団とともに影響を与えているインターネット環境のなかでも Twitter、インスタグラム、フェイスブック、LINE、YouTube などのＳＮＳによる購買意欲の向上やファン化につながる影響を受けやすくなってきている。

　準拠集団から受ける影響は製品やブランドにより、異なるが準拠集団の影響力が強いと思われる場合にはそれぞれの集団のオピニオン・リーダー（opinion leader：ある集団の意見の形成に方向付けをする人）にメッセージを伝え、影響を与える方策を検討しなければならない。

　図表Ⅶ－6 は中国人の親しさの順位と関係、重要性をベースにした中国社会、場（職場、組織）をベースとした日本社会のイメージ図表である。日本では場をベースにした関係が基本となっているが、中国では個人の人間関係に親しさの程

度の違いによる関係が重視されている。

図表VII−6　中国人の親しさの順位

家族・近い友人を信用する

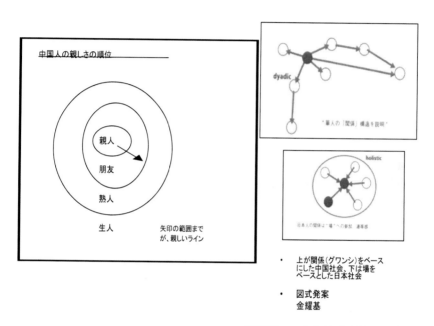

- 上が関係（グワンシ）をベース
  にした中国社会、下は場を
  ベースとした日本社会

- 図式発案
  金耀基

（出所）日系商社現地法人元社長談

　図表にある親人とは親族、親類を意味する。朋友とは困ったときに助け合う濃い関係の友人を指している。熟人とは親しい知り合い、知人を意味し、生人とは見知らぬ人を指す。
　中国社会では血縁、学歴、出生、地域などの「縁」を大切にし、家族・近い友人が信用されることになる。

＜重要購買決定要因＞
　購買決定に当り、何を重視するのかを把握する。それは購入するモノの経済性、

品質、価格、便益性、ファッション性、新規性や付随しているサービスの内容などを含む。また、最も満足している顧客は誰で、その顧客にとっての価値についても明確にしておかなければならない。同様に顧客の不満とその解消についても対応する必用がある。

　　図表Ⅶ－7　流行のトレンドによる購買決定のタイミングを示した図表である。気づきのタイムラグ（time　lag）とは流行に気づくタイミングのことであり、年齢やテイスト（taste：好み、趣味）で消費者を区分するのではなく、流行への反応の速さによりマーケットを分類する考え方である。

図表Ⅶ－7　流行のトレンドによる購買決定要因

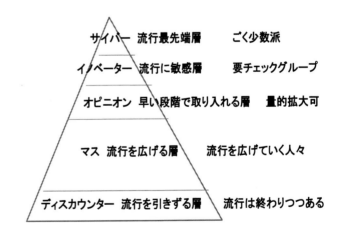

流行への反応の速さによる分類
気づきのタイムラグ基準　ファッションは世の中のトレンドが早い段階で現象化

サイバー	流行最先端層	ごく少数派
イノベーター	流行に敏感層	要チェックグループ
オピニオン	早い段階で取り入れる層	量的拡大可
マス	流行を広げる層	流行を広げていく人々
ディスカウンター	流行を引きずる層	流行は終わりつつある

（出所）『ビームス戦略』2005年、伊藤忠ファッションシステムズ、筆者加筆

　「サイバー」とは流行の最先端を行く層で極めて少数派であり、一般からは変人と紙一重にみえることもある。

　「イノベーター」は流行にかなり敏感な人で、この層が取り入れる流行は「マス」につながっていく可能性があるため要チェックのグループといえる。

　「オピニオン」は一般消費者のなかでも割合早い段階で流行を取り入れる層で「感度の高い一般消費者」といえる。ここで広まった流行は「イノベーター」の段階よりも量的拡大が見込める確率が高くなる。

　「マス」はボリュームとして流行を広げていく層であり、まさに流行が大衆化した段階に入る。

　「ディスカウンター」は終わりつつある流行をまだ引きずっている人々の層のことを指す。

　アジア市場においても定量的な世代や年齢による把握だけでなく、感性的な流行に気づくタイミングからのアプローチも重要な購買決定要因の分析になるであろう。

　図表Ⅶ－8は購買決定のプロセスを示した図表であり、購買プロセスの諸段階について整理しておきたい。

1.注目

　購買プロセスは消費者が何らかの問題やニーズを認識したときに始まる。認識していないときは無関心の状態である。

2.興味

　消費者のニーズは内部刺激（願望等）や外部刺激（情報等）によって引き起こされる。

3.連想

　消費者が購買した後のベネフィットや効果についてのイメージが創出される。

4.欲望

　連想により動因が呼び起され、この段階では消費者にとって最も高い刺激を与える内容が特定されることになる。

5.比較検討

　ニーズへの関心に覚醒して、問題を認識した消費者は情報を集めるようにな

る。情報源には個人的情報源、商業的情報源、公共的情報源があるが、個人的情報源の影響力が最も大きい。

6.信頼・確信

　消費者は属性評価を経て、購買対象商品やサービスの選好や判断を形成していく。

7.決定・行動

　選好を決めたなかでの最も好ましいモノに決めて行動を起こすが、購買決定には他人の購買決定への評価が影響を与える。

8.満足

　消費者はあるレベルの満足または不満足を経験する。満足であれば同じ商品やサービスを再び購入する確率はかなり高くなり、不満足な場合は廃棄し、返品をする。当該品の購入中止や友人への警告という行動も発生する可能性がある。売り手側は購買後の顧客とのコミュニケーションチャネルを設けておくことでの対応を準備しておく必要がある。

図表Ⅶ－8　購買決定プロセス

購買プロセスの8段階

購買プロセスへの適切な助言、コミュニケーションチャネルが必要

無関心
①注目
②興味
③連想
④欲望
⑤比較検討
⑥信頼・確信
⑦決定・行動
⑧満足

（2）競合（Competitor）

　競合については同業者などの顕在的な競合だけでなく、代替品や異業種といった潜在的な競合も含まれる。これらすべての競合に対して万遍なく分析を行うことは、難しいと考えられるため、経営においての意思決定上重要な競合に絞るのが一般的である。競合相手の力を過少評価して痛手を被る場合や逆に過大評価することで機会の逃すことにも繋がりかねないため、客観的な評価が求められる。経営資源とパフォーマンスについてはできる限り定量化し、数値で把握しておく。以下の内容について分析を行うことで、競合相手の強みや弱みを知ることが可能になる。

図表Ⅶ－9 バリュー・チェーン（Value Chain)

企業の競争優位の源泉を明らかにするために企業の内部環境を分析するフレームワーク
企業の内部環境を分析するツール、自社のどの工程に競争優位性（弱点）があるか”を把握

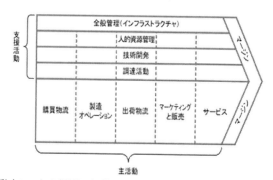

企業活動をいったん個別の価値活動に分解し、それぞれの付加価値とコストを把握して、各活動が最終的な価値にどのように貢献しているのか、その関係と構造を明らかにすることで、競争優位の源泉（あるいはその可能性）を探るというもの

＜バリューチェーンによる分析＞

　図表Ⅶ－9はバリュー・チェーン（Value Chain：価値連鎖、事業活動で生まれる価値を一つの流れとして捉える、企業の様々な活動が最終的な付加価値にどの

ように貢献しているのか、その量的・質的な関係を示す)の関係と構造を示した図表である。競合相手のどのような能力や資産が成功に寄与しているのか、顧客にとって何が重要なのかの見極め、製品やサービスの付加価値の大きな部分はどこにあるのか、バリューチェーンの構成要素のどの部分が競争優位性を生み出しているのかなどを把握することが重要である。

　このバリューチェーンは企業の競争優位の源泉を明らかにするために企業の内部環境を分析するフレームワークである。企業の内部環境を分析するツールでもあり、　自社のどの工程に競争優位性や弱点があるのかを把握する。企業活動をいったん個別の価値活動に分解し、それぞれの付加価値とコストを把握して、各活動が最終的な価値にどのように貢献しているのか、その関係と構造を明らかにすることで、競争優位の源泉（あるいはその可能性）を探るというものである。

＜競合企業情報＞

図表Ⅶ－10 把握すべき競合企業の情報

項目	内容
販売及び経路	販売構成
	販売部門組織
	製品別販売総額
	海外・国内販売比率
	直販・流通業者販売比率
	主要顧客
	主要販売製品
	主要製品取引総額推移
	取引形態
販売チャネル	主要販売地区
	エリア戦略、エリア展開状況
	流通業者販売状況
	流通業者戦略、選定基準
	流通業者との契約内容、取引条件
その他	アフターサービス

（出所）「グローバル・マーケティングの基本」2021日本実業出版社　筆者追記

　競合相手の現在の活動状況や市場でのシェアを把握する。

　図表Ⅶ－10 は競合相手の販売活動について把握すべき内容を整理した図表である。販売及び経路の要素では製品別の販売構成、販売部門組織体制、製品別販売総額、海外及び国内販売比率、直接販売と流通業者を経由した売上高の販売比率、主要な顧客、主要な販売製品、主要製品の取引総額推移高や取引の形態を明らかにする。

　販売チャネルの要素からは主要な販売地区、エリアでの戦略、エリア別の展開状況、流通業者別の販売状況、流通業者の戦略、流通業者の選定基準や流通業者との契約内容及び取引条件の情報を把握する。さらに、アフターサービス内容についても明確にしておかなければならない。

　　　　図表Ⅶ－11　1人当たりＧＤＰ、小売流通近代化からの進出難易度

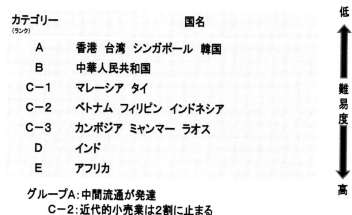

（出所）「グローバル・マーケティングの基本」2021 日本実業出版社筆者追記

＜競合相手の戦略＞

　競合相手の企業規模、収益性、目標と顧客との関わり方、現在の戦略と過去の

戦略、組織と企業文化などを把握する。図表Ⅶ−11 は 1 人当たりＧＤＰ、小売流通近代化からの進出難易度を表した図表である。A〜E のカテゴリーに分類することができるが、A グループは一番難易度が低く、E グループは一番難易度が高い。

A グループは中間流通が既に発達しており、香港　台湾　シンガポール　韓国が該当する。

B グループには中国が該当する。これは都市部と農村部ではその差が大きいためである。

C−1 グループはマレーシアやタイが該当し、ここでは近代的な小売業の発展がみられる。

C−2 グループはベトナム、フィリピン、インドネシアが該当し、ここでは近代的な小売業は約 2 割程度にとどまっている。C−3 グループはカンボジア、ミャンマー、ラオス が該当し、ここでは近代的な小売業が活動して間もない段階である。D グループにはインドが属し、近代的な小売業が新たにスタートしようとしている。E グループにはアフリカの国々が該当する。

図表Ⅶ−12　フィリピンの流通経路

フィリピンの流通経路

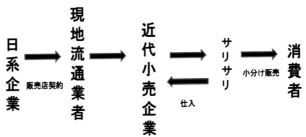

流通　小売市場への外国企業の参入を禁じていたため中間流通システム、物流機能がない
零細店は50万店以上存在

販売店契約：Distribution　Agreement　所有権の移転発生

＜経営資源＞

　経営者の資質やレベル、当該事業に関する知識や経験、競合相手のコスト構造や生産能力、技術力、営業人員数動向、資金調達能力、競合組織体制や企業文化について分析し、把握する。

　図表Ⅶ－12 はフィリピンの流通経路を示した図である。フィリピンでは第Ⅳ章でみたように世帯月収 2〜4 万円の世帯が約 1,490 万世帯の 62％、月収 2 万円未満の世帯が約 700 万世帯の 29％を占めており、日々に必要な最低限の量の商品を購入できる地元の伝統的小売業（サリサリ）が不可欠となっている。同国では小売市場への外国企業の参入を禁じていたため中間流通システム、物流機能もないため、地元の伝統的小売業は近代的小売業から市場で人気のある商品を自店で仕入れ小分けして消費者に販売している。現在もこのような零細店は 50 万店以上が存在している。

＜パフォーマンス＞

　競合相手の売上高や利益、顧客数、当該業界におけるイメージとポジション、顧客のブランド認知度、流通形態、新製品開発力、付随する顧客サービスなどから競合相手は顧客にどのような評価を受けているのかを分析しなければならない。

（3）自社（Company）

　自身の企業の現状の取組実態を明確化する。自社の事業に関する経営資源や活動から強みや弱みを定性的、定量的に把握しなければならない。内部環境を自身の財務状況からと財務業績以外の観点から分析する必用がある。

　図表Ⅶ－13 は自社活動のフレームワークを表した図表である。自社は企業全体の成果とそのための経営資源配分の見地から市場の成長性や環境状況を探り、それに応じて全体としてどのような方向に進んでいくのかの検討を行う。市場の問題を中心に自社の方向づけと経営資源の配分を決定していかなければならない。

　市場環境には顧客や業界動向などの需要、競合との競争、取引環境、一般的な環境、技術、社会、経済、文化、法規制等が存在している。経営資源にはヒト、モノ、カネ、　ノウハウ、情報、時間、他企業との連携等がある。

自社活動のフレームワーク

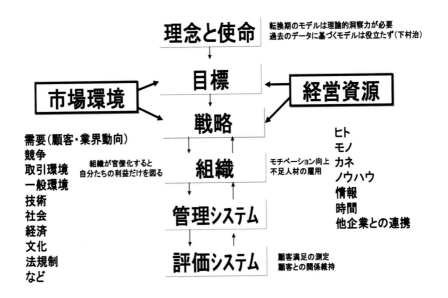

<財務状況>

　自社の運用資金全体である総資産を使用してどれだけの利益を稼いだかを表す収益性を総合的に判断することができるROA（Return on Asset：総資産利益率）の指標が重要である。これは規模や事業領域の異なった企業を比較する場合収益性を判断することを可能にする。ROAに影響を与える要因にはシェアや成長率以外の要素も含まれている。市場の魅力度を評価する場合、市場の規模、市場の成長性、顧客の満足水準、競争の強さ、競争のタイプ、価格水準、収益性、技術力、政府規制の有無等が影響を与えることになる。市場地位を評価する場合、自社事業の規模、自社の成長率、シェア、顧客のロイヤリティ、マージン、流通形態、マーケティング力、柔軟性、組織的要因等が影響を与えることになる。したがって、資金の流れだけではなく、ROAの指標を用いて分析する方がより包括的な分析が可能となる。

＜財務業績以外の観点＞

　技術力、生産能力、市場占有率、人材や組織力、ナレッジ（knowledge：従業員の知識や経験をまとめた情報）、資金力、購買力、販売力などを詳細に分析して強みを生かし、弱みを克服していく戦略の立案につなげていかなければならない。

　この場合、他事業とのシナジーや企業全体の経営資源も意識して強みを認識することも忘れないことが重要である。

　図表Ⅶ－14は自社の海外市場でのＫＰＩ（Key　Performance　Indicator）設定例を示した図表である。これは海外市場で事業目標を達成するための実行プロセスが適切に実施されているかを数値化して評価するものである。

図表Ⅶ－14 自社の市場でのＫＰＩ設定例

海外消費財市場のKPI例：Key　Performance　Indicator

**海外市場で事業目標を達成するための実行プロセスが
適切に実施されているかを数値化して評価**

KPI	内容	
ストア・カバレッジ	自社商品が配荷されている網羅率 自社商品を扱う店舗の数	エースコック ベトナムで30万店 配荷、シェア5割
インストア・マーケットシェア	小売店舗内の同一カテゴリーにおける自社商品のシェア 店頭プロモーションにより増加する	
インストアシェア	小売店舗内に占める自社商品のシェア	

2　4P分析

　4P分析とは Product（商品）、Price（価格）、Place（立地、流通経路）、Promotion（販売促進）の 4 つの視点から自社と競合他社の比較を行う。

　図表Ⅶ－15 は流通業における 4P の構成要素を表した図表である。「Product」には品揃えの深さと幅、ファッション、品質、サービス、ブランドなどの要素で構成される。「Price」は価格ライン、価格ポイント、価格魅力度、キャッシュレス販売などの要素で構成される。「Place」店舗の立地、流通センター、輸送、配送、商品の取り扱いなどの要素で構成される。「Promotion」は広告宣伝、人的販売、販売促進、店舗の雰囲気、店舗のレイアウト、店舗ウインドディスプレイなどの要素で構成される。

図表Ⅶ－15 流通業における 4P の構成要素

流通業における4Pの構成要素

Product　商品	Price　価格	Promotion販売促進	Place　立地、流通経路
品揃えの深さと幅 ファッション 品質 サービス ブランド	価格ライン 価格ポイント 価格魅力度 キャッシュレス販売	広告宣伝 人的販売 販売促進 店舗の雰囲気 店舗のレイアウト 店舗、ウインドウディスプレイ	店舗の立地 流通センター 輸送、配送 商品の取り扱い

（1）Product（商品）

　図表Ⅶ－16は品揃えの深さと幅についての考え方を表した図表である。品揃えの幅を広く行う場合は総合化の方向に向かい、狭く行う場合は専門化の方向に向かう。

図表Ⅶ－16 品揃えの深さと幅

品揃えの深さと幅

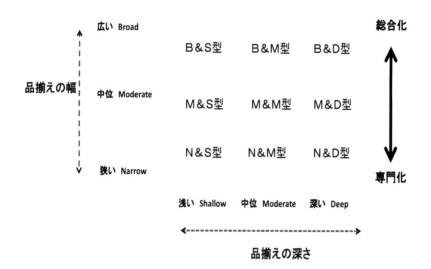

　品揃えの総合化を図る幅を広く（Broad）行う場合の品揃えには3つのパターンがある。浅い（Shallow：アイテム数が少ない）パターン、中位（Moderate：適度のアイテム数）のパターン、深い（Deep：アイテム数が多い）パターンがある。同様に品揃えの幅が中位（Moderate）の場合にも浅いパターン、中位のパターン、深いパターンがある。さらに品揃えの幅を狭く行う（Narrow）場合も品揃えには3つのパターンがあり、浅い（Shallow）パターン、中位（Moderate）のパターン、深い（Deep）パターンがある。

　品揃えの深さと幅は当該店の立地、店舗規模や競合他社との競争の激しさや動

向などが影響を与えることになる。

　図表Ⅶ−17 は製品のライフサイクル（PLC）と採用者区分を表した図表である。マーケットで販売される商品は市場の導入期、市場での成長期、市場での成熟期、市場での衰退期という各ステージへの変化がある。ステージにより商品の売上高や利益、商品を購入する顧客の割合が異なっている。

図表Ⅶ−17 製品ライフサイクルと採用者区分

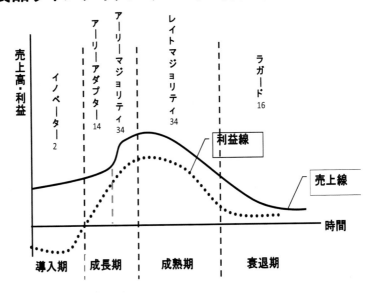

製品ライフサイクル（PLC）と採用者区分

　市場の導入期には売上高は大きく増加せず、この段階では開発費、広告宣伝費等のコストが大きく利益は出ない。採用者は約 2%の「イノベーター」層のみである。
　市場の成長期には売上高は大きく増加、この段階では売上高の増加に伴い、利益は大幅に増える。採用者は約 14%の「アーリーアダプター」や約 34%「アーリーマジョリティ」層である。市場の成熟期には競合他社との競争が激化し、売上高は減少傾向に陥る。この段階では利益も同様に減少していく。採用者は約

34%の「レイトマジョリティ」層である。

　市場の衰退期には売上高は大きく減少する。この段階では利益もさらに減少していく。採用者は約16%の「ラガード」層のみである。利益がマイナスに転じることになれば製品は市場から退場することになる。

図表Ⅶ－18　ミャンマーでの日系メーカーの自動車販売

ミャンマーでの販売はトヨタ通商が担当

2012年までは鎖国状態で、大使館などに数台しか売れず

トヨタが好まれ占有率は約65％

ランドクルーザーは日本円で約2,000万円（2018年）

　図表Ⅶ－19はサービスの７Ｐの分析ついて示した図表である。製品（Product）、価格（Price）場所（Place）、プロモーション（Promotion)に加え、人（要員）（Personnel）、プロセス（業務プロセス）（Process）、物的証拠（Physical Evidence）の３Ｐが追加される。

図表Ⅶ－19　サービスの７Ｐ分析

サービスの7P分析

サービス業は3P（サービスマーケティング　人（要員）、プロセス（業務プロセス）、物的証拠を改善する必要がある

1　製品（Product）
2　価格（Price）
3　場所（Place）
4　プロモーション（Promotion）
5　人（要員）（Personnel）
6　プロセス（業務プロセス）（Process）
7　物的証拠（Physical Evidence）
物的証拠とは、分かりやすく言えば安全・安心の保証と　証拠のことを指す。例、食のトレーサビリティー（traceability）

物的証拠とは、分かりやすく言えば安全・安心の保証と証拠のことを指す。例えば食のトレーサビリティー（traceability）などがある。サービス業は追加されるこれらの3Pである人、プロセス、物的証拠に取り組み、さらにそれを改善する必要がある。

図表Ⅶ−20　ベトナムハノイの日系学習教室
イオンモールロンビエン、ハノイ入居日系テナント
公文は57の国と地域で400万人以上の学生
が学んでいる世界最大の課外プログラムを提供

また、「Product」については現地調査に基づき、競合企業や先行企業との比較を行い、梱包形態やパッケージ、販売容量などの課題点を見つけて改善を実施していく必要がある。

（2）Price（価格）

図表Ⅶ−21は9つの価格と品質の関係を表した図表である。商品の価格設定に際して高価格帯を設定する場合、その商品の品質そのものが高い「プレミアム（premium：割増金）」戦略による値付け、品質が中程度の場合の「オーバーチャージ（overcharge：過剰請求）」戦略による値付け、品質が低い場合の「ぼろ儲け」戦略による値付け方法がある。中価格帯を設定する場合、その商品の品質そのものが高い「高価値」戦略による値付け、品質が中程度の場合の「中価値」戦略による値付け、品質が低い場合の「偽の経済性」戦略による値付け方法がある。低価格帯を設定する場合、その商品の品質そのものが高い「スーパーバリュー（高付加価値）」戦略による値付け、品質が中程度の場合の「グッドバリュー（適切付加価値）」戦略による値付け、品質が低い場合の「エコノミー（経済性）」戦略に

よる値付け方法がある。

　「Price」についても現地調査に基づき、自社と競合他社を比較し、市場で受け入れられる価格帯を明確にする。この市場浸透価格が設定されれば、市場占有率の獲得、コストの低減が可能になるであろう。

図表Ⅶ－21　9つの価格と品質

9つの価格と品質

価格

	高	中	低
品質 高	プレミアム戦略	高価値戦略	スーパーバリュー戦略
品質 中	オーバーチャージング戦略	中価値戦略	グッドバリュー戦略
品質 低	ぼろ儲け戦略	偽の経済性戦略	エコノミー戦略

（3）Place（立地、流通経路）

　図表Ⅶ－22は販売チャネルへのアクションとその対象を表した図表である。参入エリア決定ではまず、参入都市の検討と選定が行われ、続いて地区別優先順位設定が実施される。この場合、順位設定理由を明確化しておかなければならない。そのうえで、エリア拡大策について参入後の周辺地域または大都市圏エリア参入が検討されることになる。

　流通業者との連携ではパートナーとなる現地流通業者の選定が行われる。この場合も選定理由明確化しておかなければならない。さらに流通業者との戦略共有策や共通の重要業績評価の内容や目標を設定する必要がある。

　ターゲット攻略では小売業のそれぞれの業態別に攻略チームの編成を行い、当該企業への参入を実施していく。

販売チャネルへのアクション（消費財）

項目	内容
参入エリア決定	都市別、地区別優先順位設定
	順位設定理由明確化
	エリア拡大策
	周辺地域または大都市圏
流通業者との連携	流通業者の選定
	選定理由明確化
	流通業者との戦略共有
	共通のKPI設定
ターゲット攻略	近代小売のターゲット明確化
	攻略チーム編成
	伝統小売のターゲット明確化
	攻略チーム編成

KPI：Key Performance Indicator　重要業績評価指数

　伝統的な流通経路に対し、近年はボランタリーチェーン組織や小売協同組織など垂直的ともいえる経路方式が採用されるケースも増えてきている。なかでもフランチャイズによる流通経路は近年急成長している形態の一つである。

　図表Ⅶ－23は代表的な垂直的流通経路の種類を示した図表である。

　ボランタリーチェーン組織は独立経営の店舗が集まり本部を設立し、共同購入によるコストを削減、ＰＢ商品の開発が可能になる。　しかし、本部の指導力が弱まる場合、競争力が低下する。

　フランチャイズ別法人による別資本の形態であるが、ノウハウや商標を提供することで外部からは同一資本による運営に見える。契約によってフランチャイジー（加盟側）は一定のルールや制約を受ける。

　小売協同組織　同組織を通じて集中的に購入し、広告宣伝などを共同で行う。利益は購入の割合に応じて還元され、可能な場合卸売活動や製造活動まで発展する。

図表Ⅶ－23 垂直的流通経路の種類

垂直的流通経路の種類

・フランチャイズとは
特権、許可、営業権

・フランチャイズチェーンとは
フランチャイザー（本部）とフランチャイジー（加盟店）の契約によって成立するシステム

種類	本部と店舗の資本関係	特徴
ボランタリーチェーン	独立経営の店舗が集まり本部を設立	共同購入によるコスト削減、PB開発が可能に。本部の指導力低下で競争力が低下する。
フランチャイズチェーン	別法人別資本だが、ノウハウや商標の提供で外部からは同一資本に見える	契約によってフランチャイジーは一定のルールや制約を受ける
小売協同組織	同組織を通じて集中的に購入	利益は購入の割合に応じて還元

図表Ⅶ－24　台湾台北のコンビニエンスストア

フランチャイズ店舗、台南の「統一企業」が運営

1999 年に 2,000 店舗を突破、

2011 年 9 月 4,783 店舗、

2019 年 3 月時点で 5,443 店舗が営業している

図表VII−25 はフランチャイジングによる海外市場参入のメリット、デメリット
などを示した図表である。

　フランチャイジングはフランチャイザーがロイヤルティの支払いと交換に商
号・商標・ビジネスモデル・ノウハウを担当地域において特定期間利用する権利
を与える方式である。

　フランチャイザーメリットとしては少ない投入資源で自社の事業方式を外国市
場に浸透が可能であり、フランチャイジーメリットは資金があれば早期に事業展
開が可能となる。

図表VII−25　フランチャイジングによる海外市場参入

フランチャイジングによる海外市場参入

　フランチャイジングはフランチャイザーがロイヤルティの支払い
と交換に商号・商標・ビジネスモデル・ノウハウを担当地域において
特定期間利用する権利を与える

フランチャイザーメリット
少ない投入資源で自社の事業方式を外国市場に浸透が可能

フランチャイジーメリット
資金があれば早期に事業展開が可能

フランチャイザーデメリット
契約終了後フランチャイジーがライバルになる可能性

ライセンシングとの違い
マーケティングや経営に関するノウハウを含み、フランチャイジー
に対してトレーニングや経営指導を行う

フランチャイジー側の企業経験などを利用して現地適応が可能

　「Place」についても現地調査に基づき、自社と競合他社を比較し、自社の販売
チャネルの競争力を明確にする。自社の営業担当者の数や役割、優位性確保のた
めの課題を設定し、改善を行っていかなければならない。

（4）Promotion（販売促進）

　海外へ進出する多くの企業は世界中で標準化された広告テーマを採用している。
広告は海外でのタブーを避けるために色彩を変えるというような最低限の変更が
加えられる。「ネーム」もまた一部修正されることも多い。

　「Promotion」についても現地調査に基づき、競合企業や先行企業との比較を
行い、情報の整理と分析を行う。

　まず、競合他社や先行企業のマス広告であるテレビ、新聞、ラジオ、雑誌など
の媒体への予算とタイミングについて明らかにする。これらは認知やコミュニ
ケーションを目的としたメディア広告施策である。

　次に店頭でのセールスプロモーション施策であるスタンプ、ポイント、ノベル
ティ、景品、インストアクーポンなどの「プレミアム」や「サンプル提供」の予
算とタイミングについて具体的事例を把握したうえで明らかにする。自社のプロ
モーションの優位性確保のための課題を設定し、改善を行っていかなければなら
ない。

［本章の課題問題］

1　3Ｃ分析においての顧客・市場分析について説明してください。

2　Key　Performance　Indicator（重要業績評価指数）について説明してくだ
　　さい。

3　4Ｐ分析においての立地、経路分析ついて説明してください。

第Ⅷ章　フィジビリティ調査

　フィジビリティ調査とは実行可能性や採算性を調べるためのスタディのことであり、同調査でマーケティグ環境についてはジェトロ、取引先企業、金融機関、政府関係部署、同業他社、商社、中小企業基盤整備機構、会計事務所、大使館なども活用して行っていく必要がある。また、対象国特有の政治体制や宗教、文化、商慣習なども理解をしておかなければならない。以下、対象国の市場や事業活動に大きな影響力を有するフィジビリティスタディについて幾つか紹介したいと思う。

図表Ⅷ－1　台湾台北の政府機関

CSD is positioned as a non-profit organization
With　a purpose to encourage industrial
cooperation and synergy system development.

1　進出国の政治、経済、社会等の状況

　図表Ⅷ－2 は現地でのフィジビリティ調査の内容を示している。言語、宗教、経済制度、経済動向、思考パターンと行動、文化、他人への信頼度（日本は高信頼性社会）、人口動態、1人当りＧＤＰ、当該国の歴史や日本との物価差、商習慣（ビジネスカルチャー）、消費行動（風習）ライフスタイル等について調査や分析と同スタディを行う。

　それぞれの国には独自の風習、規範、タブーがある。海外の消費者がある一定の商品についての考え方やその使用方法について十分に点検しておかなければならない。

　文化的環境を知らないと企業は成功の機会が少なくなる。欧米で最も成功を収

めたマーケティング担当者のなかには海外に進出して失敗した者も数多い。また、企業の規範や行動も国によって著しく異なるのである。グローバル企業の経営責任者は海外で交渉を行なう前にこれらの点について必要な情報が与えられるべきである。既に海外企業の異なった企業行動の事例が示されている。各国において調査しなければならない内容には文化的な伝統、選好、タブーなどがある。

　また、対象国における嗜好の変化にも注意しなければならない。先進国では少子高齢化の傾向がみられるが、それに対応した新たなサービスの発生や健康志向の高まりなどへの対応も必要になってくる。

図表Ⅷ－2 フィジビリティ調査内容

F／S（Feasibility Study）フィジビリティ調査
（実行可能性調査／採算性調査）

1 進出国の政治、経済、社会等の状況
　規制、商習慣、言語、宗教、法制度、経済制度、思考、行動文化
　信頼度（日本は高信頼性社会）、人口動態、1人当りGDP、歴史
　日本との物価差、商習慣（ビジネスカルチャー）等
2 企業経営に関する重要制度
　税制、社会保障、労働法令、会社法
3 インフラ 港湾、空港 物流コスト
4 治安
5 労務環境 労賃
6 マーケット 販売先候補、仕入先候補、価格
7 同業他社動向
8 教育環境
9 日本の政府機関
　日本大使館、領事館
10 日系進出企業の組織
　日本人会、日本商工会

領事館：自国民のための事務等の機関、外交はしない

<東アジアでのフィジビリティスタディ>

中国

　図表Ⅷ－3 は中国人の一般的な思考パターンと行動を表した図表である。多数

の中で埋没しないために個人、組織の自己主張が強いとされる。また、面子を重んじることも多く、日本のような恥の文化はないといわれている。儒教の影響が未だ大きいことから自分の立場や面子を守るためには時には間違ったことでもするといわれている。

　血縁、学歴、出生、地域、家族、近い友人などを「縁」を大切にし、信用することが知られており、蛇頭組織や貴族社会にみられる親分、子分の社会も残っている。

　自己保身や自分は絶対損をしないことがモットーされ、拝金主義が強い。国をあまり信用しない結果、居住国の国籍持つ（華人）や中国国籍保持する華僑となって世界に根を張っている。同時に海外投資や海外旅行、子弟の国外留学に積極的な面が見受けられる。

　儒教の「避諱（ひき）」という考え方が残っており、聖君理想の思想を残している。これは大義のためには悪を隠すことも善という考え方であり、時として間違えを押し通すケースも見受けられる。以上が中国における独自の思考パターンと行動への同スタディである。

図表Ⅷ－3　中国での思考パターンと行動

中国人像・考え方（一般的な）例
行動、考え方

個人、組織の自己主張が強い（多数の中で埋没しない）

面子を重んじる。恥の文化はない。自分の立場を守る
面子を守るためには間違ったことでもする（儒教の影響？）

親分・子分の社会　蛇頭、貴族社会

「縁」を大切にする（血縁、学歴、出生、地域）
家族・近い友人を信用する
拝金主義、国を信用しない（自己保身・自分は絶対損をしない）

華人（居住国の国籍持つ）、華僑（中国国籍保持）となって世界に根を張る

海外投資、旅行、子弟留学に積極的

聖君理想の思想を残す
儒教の「避諱（ひき）」という考え方。間違えを押し通す。大義のためには悪を隠すことも善

儒教：孔子を始祖とする思考・信仰体系。

（出所）伊藤忠中国法人元総経理談２０１６年

　図表Ⅷ－4は第二次世界大戦後の中華人民共和国歴史を表している。1949年の
同国成立以降の主立った経済の動きを中心に示している。簡単にその推移をみる
と、1966～1977年の文化大革命の時期には封建的文化や資本主義文化批判が行わ
れた。日本との関係では1972年に日中国交が正常化している。1978年に改革開
放路線が決定され、社会主義市場経済がスタートした。1979年には米国との国交
が正常化された。1992年、計画と市場はすべて経済的手段とする「南巡講話」が
鄧小平により行われ、海外からの投資が活発化した。2008年、世界経済は「リー
マンショック」の影響で混乱したが、同年の「北京オリンピック」の開催もあり、
中国政府は4兆元の緊急経済対策を実施した結果、国内の公有企業を潤した。2010
年には日本のＧＤＰを超えて世界第二位の経済大国に変貌している。

図表Ⅷ－4　第二次世界大戦後の中華人民共和国

戦後の中華人民共和国

総人口の92％は漢族

2015年経済発展ロードマップ発表
2025年製造強国入り
2035年製造強国中位レベル
2049年製造強国トップ

反日デモ
2005 国連常任理事国入り反対
2010 尖閣中国漁船衝突事故
2012 尖閣香港人上陸、逮捕

外交政策の変化　トウ光養晦→中華民族の偉大な復興

1945　1953　　1960年代　1980年代　　1990　2000　2010

日本経済：復興期　高度成長期　低成長期　バブル期　構造改革期　格差発生　リーマンショック　欧州危機　アベノミクス

1949
中華人民共和国成立
国民党台湾へ逃亡

1966～1977
文化大革命
封建的文化・資本主義文化批判

1978
改革開放路線決定
社会主義市場経済始まる
1979
米国国交正常化

1989　1992
南巡講話
天安門事件　海外投資活発化
人民解放軍武力弾圧
1997
鄧小平死去
1991ヤオハン進出
97経営破綻

2008
北京オリンピック
4兆元緊急経済対策
⇩
公有企業潤す

1972
日中国交正常化
1973
家族計画開始

技貿結合：製品と技術の提供必要
貨比三家：三か所以上比較して購入

技貿結合
貨比三家

南巡講話：計画と市場はすべて経済的手段とする
1979CP進出トウ光養晦有所作為：才を隠し時期待つ、出来ることを行う

2015 年には同国の経済発展のロードマップが発表された。その内容は 2025 年に製造強国に入り、2035 年には製造強国中位レベルまで成長し、2049 年に製造強国トップに躍り出るというものであった。また、外交政策にも大きな変化があり、従来は才を隠し時期待つ、または出来ることを行うという「トウ光養晦政策」から「中華民族の偉大な復興」を目標とする政策へと転換した結果、関係諸国への対応に変化がみられるようになった。以上が中国の経済制度や近年の歴史からの同スタディである。

台湾

図表Ⅷ−5 は台湾の民族構成を表した図表である。

図表Ⅷ−5　台湾人の民族構成

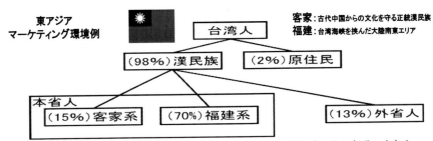

本省人が台湾で85%を占めており、本省人は福建系と客家系に分かれる。外省人（蒋介石率いる国民党軍と共に台湾に移住した）13％原住民2％

日本大創百貨　39元ショップ

故宮博物院　白菜とコオロギ

　本省人（国民党軍が台湾に移住する前からの住民）で85％を占めており、本省人は台湾海峡を挟んだ大陸南東エリアの福建系と古代中国からの文化を守る正統漢民族とされる客家系に分かれる。外省人（蒋介石率いる国民党軍と共に台湾に移住した）は13％であり、原住民2％である。台湾では仏教徒が約548万人、道教徒が454万人いるとされる。この道教は儒教・仏教・道教という中国3大宗教の一つである。道教では恒常普遍の道は自分で見つけ出さなければならないとされ、仙人になることを究極の理想としている。また、長命を得ることも奨励されている。以上が台湾での言語や宗教の影響からの同スタディである。

　図表Ⅷ－6は近代台湾の歴史を表した年表である。1894年の「日清戦争」で日本が戦勝国となり、「清国」から台湾を割譲された。

図表Ⅷ－6　近代台湾の歴史

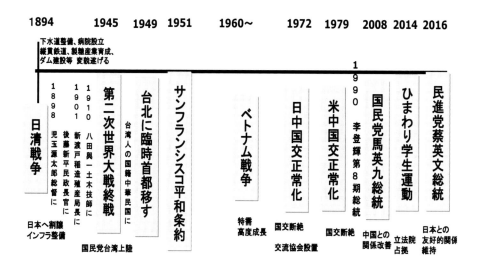

日本へ割譲後は日本の支援もあり、インフラの整備、下水道整備、病院の設立、縦貫鉄道の開通、製糖産業の育成、ダム建設等が積極的にすすめられ、台湾は変貌遂げた。1898年には児玉源太郎が総督に就任し、後藤新平が民政長官に就任した。後藤は衛生環境整備の一環として、近代的病院の設立に尽力した。また、徹底した調査事業を行って現地の状況を知悉した上で経済改革とインフラ建設を強引に進めている。1901年には新渡戸稲造が殖産局長に就任し、台湾における製糖業発展の基礎を築くことに貢献した。1910年に八田與一は台湾総督府の土木技師に着任し、1930年まで当時としては東アジア最大の「烏山頭ダム」工事を指揮した。これにより耕地面積と水利灌漑面積は増え続け、多くの畑が水田に変わり農産物の生産量は大幅に拡大している。

図表Ⅷ－7　国立台湾博物館

日本統治時代の建物　国立台湾博物館
1915年築
児玉総督、後藤民政長官の業績を記念して設立
国定古跡に指定されている

児玉源太郎　　　日露戦争開戦後は満州軍総参謀長として大陸に渡り、総司令官の大山巌を作戦面で補佐して日本陸軍の勝利に貢献した。

1945年日本の敗戦により台湾人の国籍は中華民国籍になる。1972年日本と中華人民共和国の国交正常化に伴い日本と台湾の国交は断絶することになったが、「公益財団法人交流協会」が貿易、経済、技術、文化などの民間交流関係を維持するための「実務機関」として、同年12月1日に設立された。2017年1月、「公益財団法人日本台湾交流協会」に名称変更されている。台湾は1945年以降、一貫して中華民国の統治下にあり、1949年の中華人民共和国成立に伴う中華民国政府の台湾移転以降、中華民国を通称としても用いられる。ただし、中華人民共和国も統治権を主張しており、現在も両政府間で問題となっている。2008年成立した前政

権では中国との関係改善を目指していたが、2016 年成立した民進党「蔡英文」総統による政権は日本との友好的関係維持を目指しているとされる。以上が台湾の歴史と日本との関係からの同スタディである。

図表Ⅷ－8　公益財団法人日本台湾交流協会高雄事務所

公益財団法人日本台湾交流協会
日本との国交が断絶したことに伴い、貿易、経済、技術、文化などの民間交流関係を維持するための「実務機関」として、同年に設立された。

公益財団法人日本台湾交流協会高雄　　　2017年1月名称変更

<アジア主要国でのフィジビリティスタディ>

　図表Ⅷ－9 はアジア主要国フィリピン、インドネシア、マレーシア、タイ、ベトナムの日系企業投資環境評価を表している。言語と意思疎通、ワーカー雇いやすさ、ワーカーの質、技術者の雇いやすさ、技術者の質、従業員定着率、税制インセンティブ、裾野産業集積度、取引先企業集積度、市場規模と成長性、インフラ充実度、政治や社会情勢安定の各項目について各国ごとに評価している。

　言語と意思疎通ではフィリピン、マレーシアは他国に比べ評価度が非常に高い。反面ベトナム、インドネシアは非常に低い。

　ワーカー雇いやすさの項目ではフィリピン、ベトナムが高評価であるが、マレーシアの評価が非常に低い。

　ワーカーの質の項目ではフィリピン、ベトナムが高評価であるが、インドネシ

ア、インドの評価が非常に低い。

　技術者の雇いやすさの項目ではフィリピンが高評価であるが、インドネシア、タイの評価が非常に低い。

図表Ⅷ−9　アジア主要国の日系企業投資環境評価

アジア主要国の日系企業投資環境評価（％）

	フィリピン	インドネシア	マレーシア	タイ	ベトナム	インド
言語・意思疎通	70.5	6.0	51.2	10.7	5.9	23.4
ワーカー雇いやすさ	42.5	24.1	4.6	15.8	33.1	10.0
ワーカーの質	17.3	4.9	5.7	6.2	14.1	4.7
技術者雇いやすさ	13.0	3.1	1.8	3.7	6.6	5.5
技術者の質	12.2	1.1	7.8	6.9	8.7	6.5
従業員定着率	13.7	7.8	3.9	7.3	9.8	3.0
税制インセンティブ	37.4	2.0	13.4	13.7	12.1	4.0
裾野産業集積	2.9	1.8	6.7	23.3	1.4	3.5
取引先企業集積	10.1	24.3	10.3	45.9	10.7	12.7
市場規模・成長性	31.7	85.3	18.0	53.0	46.8	86.3
インフラ充実	5.8	2,7	44.9	34.4	3.7	3.0
政治・社会情勢安定	19.4	23.2	80.2	12.4	57.6	12.2

2016年9月ジェトロマニラ事務所

　技術者の質の項目では全体的に評価は良くない。フィリピンが比較的高評価であるが、インドネシアの評価が非常に低くなっている。

　従業員定着率も全体的に評価は良くない。フィリピン、ベトナムが比較的高評価であるが、マレーシア、インドの評価が非常に低くなっている。

　税制インセンティブの項目ではフィリピンが高評価であるが、インドネシア、インドの評価が非常に低い。

　裾野産業集積度では全体的に評価は良くない。タイが比較的高評価であるが、ベトナム、インドネシアの評価が非常に低くなっている。

　取引先集積度でも全体的に評価は良くない。タイが比較的高評価であるが、フィリピン、マレーシア、ベトナムの評価が非常に低くなっている。

　市場規模と成長性項目ではインドネシア、インドは他国に比べ評価度が非常に高い。反面マレーシア、フィリピンは低い。

　インフラ充実度でも全体的に評価は良くない。マレーシア、タイが比較的高評価であるが、インドネシア、インド、ベトナムの評価が非常に低くなっている。

　政治や社会情勢安定ではマレーシアは他国に比べ評価度が非常に高い。反面タイ、インドは非常に低い。

　以上がジェトロによるアジア主要国別のアンケート調査からの日系企業投資環境評価の同スタディである。

図表Ⅷ－10　タイの経済制度

日系企業のタイへの経済制度
投資先としてのタイの魅力

整備されたインフラ	設備のある工業団地、空港・港湾、舗装道路網、安定電力供給
外資優遇、通商政策	外国投資優遇政策、FTA締結
産業蓄積	特に自動車産業では2・3次サプライチェーン完成
部材・サービスの調達	低コスト調達可能、製造業タイ国内調達50.5%（インドネシアでは40.0%、ベトナム28.0%）
熟年労働者	1980年以降裾野産業が成長し、育成された
国内需要期待	1人当りDGP多い、中進国のトップ集団
AEC（ASEAN経済共同体）	2015年実現、①FTA②関税撤廃③関税手続き電子化④サービス貿易自由化⑤投資自由化⑥インフラ整備
親日性	企業運営にプラス、駐在員環境良好

タイ

　図表Ⅷ－10はタイの経済制度を表した表である。設備のある工業団地、空港・港湾、舗装道路網、安定電力供給等の整備されたインフラが存在している。外国投資優遇政策、ＦＴＡ締結による外資優遇政策、通商政策では特に自動車産業で

は2、3次サプライチェーンが完成しており、産業蓄積がみられる。また、部材やサービスの低コストでの調達が可能である。進出した製造業のタイ国内での調達50.5%に達している（インドネシアでは40.0%、ベトナム28.0%）。特に、日系企業により1980年以降裾野産業が成長し、熟年労働者が育成されている。一人当りGDPはいわゆる「中進国」のトップ集団に位置しており、国内需要が期待される。2015年にAEC（ASEAN経済共同体）が実現したことで、①FTA、②関税撤廃、③関税手続き電子化、④サービス貿易自由化、⑤投資自由化、⑥インフラ整備が期待される。また、同国の親日性もあり日本人駐在員の生活環境は良好であり、企業運営にプラスになっている。以上がタイの経済制度、経済動向からの同スタディである。

マレーシア

　図表Ⅷ-11 はハラールとノンハラールの範囲を表したイメージ図である。ハラールとは行為者が罰せられることのないイスラム教（シャリーア法）で許されている物事または行為を指し、ノンハラールはシャリーア法で不浄とされるものをいう。生活全般のなかで許されているハラールは健康的、安全、清潔、高栄養、高品質なものであり、禁じられているものがノンハラールである。またハラールとノンハラールが混在することも許されていない。

図表Ⅷ-11　ハラールとノンハラール

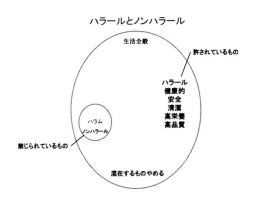

　マレーシアの国教はイスラム教（ただし各民族の宗教は自由）であり、同国も

含めたイスラム教圏では宗教の影響を受ける。したがって、該当する製品はハラール認証を受ける必要がある。

　ハラール認証の取得には、最終製品の生産工程のみならず、原材料にまで遡った対応が求められる。生産や加工の工程においては、食品衛生や公衆衛生、食品安全に関わる規格の遵守や非ハラール製品とのラインの分離、と畜を行う場合はイスラム教徒より所定の方法による処理が必要とされる

　図表Ⅷ－12 はハラール認証体制を表した図である。マレーシアはシンガポールと同様に政府直属型ハラール認証機関を政府直属の組織としている。ハラール認証の国内統一基準を制定しており、ハラール認証書はマレーシアの所轄官庁が発行する。

　ハラール認証マークはマレーシアの所轄官庁の認可を受けた製品は全てが同規格の要求事項を満たしている場合に当該官庁のハラール認証マークを付けることができる。

　当該要求事項は食品以外にも化粧品編、医薬編、物流サービスの取り扱いにおいても含まれている。また、インドネシア（MUI）でも独自のスタンダードが設けられており、牛屠畜編、食品編、香料編の 3 つのカテゴリーで分けられている。以上、イスラム教（宗教）からの影響からの同スタディである。

図表Ⅷ－12 ハラール認証体制

ハラール認証体制

①乱立型
政府はハラール認証機関に関与しない
各認証機関が独自基準で認証　　　　　　日本、ドイツ

②政府統制型
政府はハラール認証機関を認定
各認証機関の必要最低要件明記　　　　　オーストラリア

③政府直属型
ハラール認証機関を政府直属の組織とする
ハラール認証の国内統一基準制定　　　　マレーシア
シンガポール

図表Ⅷ－13　マレーシア日系百貨店のノンハラール売り場

小売業ではノンハラールな商品を集めたコーナーを設ける
マレーシアではハラールと表示し、ノンハラールと判明した
時、取引表示法で罰せられ、罰金または禁固刑を受ける。

Kuala Lumpur 伊勢丹　　　　　Kuala Lumpur の食品スーパー

フィリピン

　図表Ⅷ－14 は近代フィリピンの歴史の表である。1571 年にスペインの統治下に属し、同国のキリスト教化がすすんだ。1898 年に米国が同国の領有権獲得後、教育方式と言語は米国式が採用され、義務教育制度も導入された。その結果、現在国民の 70％以上が英語を話す世界第三位の英語人口を生んでいる。近年、コールセンター事業等（ビジネス・プロセス・アウトソーシング BPO：オフィス業務外部委託サービス）は 40 万人以上の雇用がある。オフィス業務外部委託サービスはインドを抜いて世界一になった。また、サービス業が大きく成長し、全就業人口の約 56％が従事している（2016 年現在）。

　同国の日本軍による軍政は 1943 年に終了、第二次世界大戦後の 1946 年に「フィリピン共和国」が誕生した。日本は 1956 年から 20 年間にわたり 5 億 5,000 万 $ の賠償を支払っている。この巨額援助は日本からフィリピンへ物資が輸出される「呼

び水」となった。

　「フィリピン共和国」の誕生により同国の政体は米国と同じ立憲共和制が採用され、国家元首は大統領であり、三権分立がとられている。行政府の正副大統領はそれぞれ直接投票により選出され、大統領の任期6年で再選は禁止される。副大統領の任期は6年で閣僚任命権者は大統領である。

図表Ⅷ－14　近代フィリピンの歴史

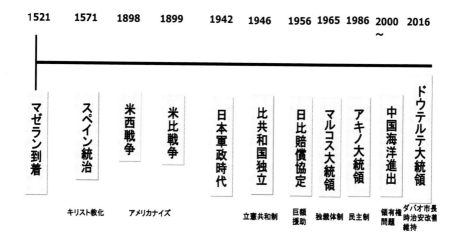

　2016年5月9日の大統領選挙で南部ミンダナオ島ダバオ市のドゥテルテ市長（当時）が当選した。同年年6月30日にドゥテルテ政権が発足した。ドゥテルテ大統領は、違法薬物、犯罪、汚職対策、ミンダナオ和平を重要課題に掲げた。麻薬撲滅のための自警団組織の活用も行っている。また、連邦制導入のための憲法改正を目指している。以上がフィリピンの歴史、思考、行動文化、日本との関係からの同スタディである。

図表Ⅷ－15 はフィリピンの経済環境を 8 つの視点から示している。まず、自由な経済体制がとられていることから、公正で自由な競争の下に企業が発展する素地が整っていることが挙げられる。次に政府と企業は緊密関係を持っていることより、政府と企業の連携で外資を積極的に受け入れる姿勢がある。さらに、投資関連法が整備されており、進出企業に対する税制面の優遇政策がアセアン随一であるといわれている。

図表Ⅷ－15　フィリピンの経済環境

フィリピンの経済環境

1　自由経済体制
　公正な自由競争の下に企業が発展する素地が整う。

2　政府と企業の緊密関係
　政府と企業の連携が緊密で外資を積極的に受け入れる姿勢がある。

3　投資関連法が整備。
　進出企業に対する税制面の優遇政策がアセアン随一。

4　人的資源が豊富
　英語力が高く、毎年50万人以上の人材を輩出。国際性に溢れ適応力が高い。

5　人口はアセアンで2番目に多い
　人口増加率2％で推移、2050年1億5,000万人に
　平均年齢23歳、労働力人口は4,300万人

6　労使関係安定　ストなど労働争議は激減。

7　日本人にとっての良好な生活環境　親日的で日本人は生活しやすい。

8　世界ビジネスの入り口　アセアン市場、世界進出の足がかりに

　同国では英語力の高い人材が毎年 50 万人以上輩出され、国際性に溢れ適応力が高い人的資源が豊富である。人口はアセアンでインドネシアに次いで 2 番目に多く、人口増加率は約 2％で推移しており、2050 年には人口は 1 億 5,000 万人に達すると見込まれる。平均年齢も 23 歳と若く、労働力人口は約 4,300 万人ある。
　ストライキなど労働争議は激減し、労使関係安定している。日本人にとっての

良好な生活環境が保たれ、親日的で日本人は生活しやすい。アセアン市場で日本に一番近い場所に位置し、世界ビジネスの入り口として世界進出の足がかりにできる市場の可能性がある。以上が複数の視点からのフィリピンの経済環境スタディである。

ベトナム

　図表Ⅷ－16はベトナムの歴史を表した年表である。ベトナムは古代から中世にかけて中国王朝の支配受けてきたが、1887年にフランス領インドシナ連邦下に入った。その後、1940年から日本軍のインドシナ半島への進駐が始まった。

図表Ⅷ－16　ベトナムの歴史

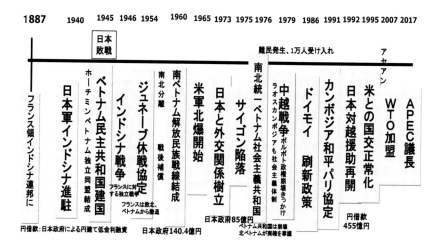

　1945年、日本が敗戦した同年「ベトナム民主共和国」が誕生した。翌年、同国のフランスに対する独立戦争が勃発し、1954年にフランスは敗北し、ベトナムか

ら撤退したがベトナムは南北に分断される。同年、日本政府は南ベトナムに対して戦後補償の約140億4,000万円を支払った。北ベトナムには1973年の国交樹立のタイミングで経済協力を行う名目で85億円の支払いを合意した。1976年南北は統一され「ベトナム社会主義共和国」が樹立された。

同国は1986年よりドイモイ（刷新）政策をスタートさせた。この政策により1990年代に入ってからはベトナム経済の安定化と比較的高度成長をもたらした。農業については土地の長期的使用権が認められ、請負生産方式の導入によって生産単位が合作社から農戸に転換し、農民の生産意欲を高めた。工業の場合、国営企業の効率化（自主権の付与、廃統合による規模拡大）が図られるとともに外資系企業など非国営企業の発展が促進された。また、ドイモイの過程でベトナム経済は世界市場への統合を強め、特に近隣の東アジア経済との分業を進め、市場経済化が急速にすすんだ。

新興メコン地域の初期の条件に大差はなかったが、インフラ、企業経営者や技術者、労働者の教育水準、為替レート、外資への対応などから大きく経済発展の差が発生している。

1992年に日本は455億円を限度にした円借款（日本政府による円建て低金利融資）供与を始めとする経済援助を開始している。また、1995年には米国との国交が正常化した。以上、ベトナムの歴史、経済制度、日本との関係からの同スタディである。

図表Ⅷ－17はベトナム内需開拓の際に日系企業は直面する課題についてジェトロハノイ事務所で聞き取りした内容を整理した表である。制度や規制の課題として、投資法の改正等で制度・規制の透明性は高まったが外国人にはわかりにくい（投資登録証明書が必要）ことや法律ができても省令や政令が出ないと運用できないことがある点が挙げられている。

また、内需開拓の際には政府、有力者とのネットワークが大切との指摘があった。

商慣習では取引相手からリベートやコミッション（手数料、斡旋料）を要求される場合や非公式手数料を要求される場合がある点が挙げられた。

パートナー選定に際してはローカル企業の経営実態の正確な把握が困難であり、財務状態の健全性や期待するリソース（資源・資産）の保有状況、法令の遵守状

況の把握が難しい点が挙げられている。

　市場性や市場把握についても成長性高いが、市場規模はいまだ小さい点や正確な点や詳細で信頼できる統計データが無いため市場調査が困難であるとしている。

図表Ⅷ－17　ベトナム内需開拓の際に日系企業は直面する課題

ベトナム内需開拓の際に日系企業が直面する課題
ジェトロハノイへの相談内容より

課題	内容
制度・規制	**投資法**の改正等で制度・規制の透明性は高まったが外国人にはわかりにくい（**投資登録証明書が必要**） 法律ができても省令や政令が出ないと運用できないことがある 政府、有力者とのネットワークが大切
商習慣	取引相手からリベートや**コミッション**を要求される 非公式手数料を要求される場合がある
パートナー	ローカル企業の経営実態の正確な把握が困難 財務状態の健全性、期待するリソース（資源・資産）の保有、法令の遵守
マーケティング	成長性高いが、市場規模は小さい 正確な市場調査が困難（詳細で信頼できる統計データ無い）

コミッション：手数料、斡旋料

　図表Ⅷ－18 はベトナムの消費額の推移を表した表である。ベトナムの小売、サービスの消費額は 2010 年から順調に増加を続け、2019 年には 2,130 億＄に達した。日本円で約 23 兆円の規模にまで増加した。ちなみに日本の同消費額は約 300 兆円ともいわれており、日本の 8％弱にすぎない。ハノイ市内には日本食店舗が 300 店舗存在しているが、今後は現地のベトナム人顧客の取り込みが課題である。以上、ベトナムでの日系企業の課題、消費市場からの同スタディである。

図表Ⅷ－18　ベトナムの消費額推移

ベトナムの市場分析

ベトナム消費額(小売・サービス)単位：10億$
約23兆円（日本は約300兆円）

ベトナム人は旅行好き。ハノイ市内に日本食店舗300店舗。ベトナム人取り込みが課題

出所：ベトナム統計総局

　図表Ⅷ－19はベトナムの投資手続き全体像を示している。まず外国の企業がベトナムに投資するにはベトナム投資法に基づき、投資登録証明書（Investment Registration　Certificate：ＩＲＣ）の取得が必要である。

　外国人の投資家が出資する場合は会社設立前に事業内容、投資金額、実施場所、期間等計画のＩＲＣ取得求められる。2019年度は過去最高の約4,000社が認可された。資本金は行政指導で一定額以上の金額を求められる場合がある。

　次に企業登録証明書（Enterprise　Registration　Certificate：ＥＲＣ）の取得が必要である。ベトナム企業法ではＩＲＣの取得後企業定款を作成し、会社の登記手続きにあたるＥＲＣの取得を行う。また、ＥＲＣの発給日から90日以内に出資金を振り込まなければならない。会社印の作成、会社設立の公示、銀行口座開設、通知の実施が求められている。

　次の段階のビジネス・ライセンス（ＢＬ）の取得時、条件付き投資経営分野（243分野）では許可証、証明書・確認書等の所定経営条件を満たすエビデンスが必要

である。

　操業に必要な手続きの実施段階で労働許可、就業規則等の労務手続き、ＶＡＴ
インボイス（付加価値税請求書 0, 5, 10％の３種類の税率）の作成、納税手続き等
の税務・会計手続き、建設、消防手続き等が必要である。以上、ベトナムでの経
済制度からの同スタディである。

図表Ⅷ－19　ベトナムの投資手続き

ベトナムでの投資手続き全体像

投資登録証明書（Investment　Registration　Certificate : IRC）**の取得　投資法**

外国人投資家が出資する場合、会社設立前に事業内容、投資金額、実施場所、期間等計画のIRC取得が必要
2019年過去最高の約4000社が認可
資本金は行政指導で一定額以上の金額を求められる場合がある

企業登録証明書（Enterprise　Registration　Certificate : ERC）**の取得　企業法**

IRCの取得後企業定款を作成し、会社の登記手続きにあたるERCの取得を行う。ERC）の発給日から90日以内に
出資金を振り込む。会社印作成、会社設立公示、口座開設・通知実施　1名以上の法的代表者を居住させる必要
就労には「労働許可証」が必要。発給対象には
「社長、管理者」、「専門家」、「技術者」一般スタッフ取得困難

「ビジネス・ライセンス（BL）」の取得

条件付き投資経営分野（243分野）は所定経営条件を満たす（許可証、証明書・確認書等）

操業に必要な手続きの実施

労務手続き（労働許可、就業規則等）、税務・会計手続き（VATインボイス作成、納税手続き等）、建設、消防手続き等
VATインボイス:付加価値税請求書　0、5、10％の3種類の税率

ミャンマー

　図表Ⅷ－20 はミャンマーの歴史を表した年表である。1886 年英国領下のインド
に編入される。1943 年、日本軍の後押しで「ビルマ国」が建国した。1945 年、日
本の敗戦により再び英国の統治下に入る。1948 年、「ビルマ連邦」として英国か
ら独立したが、少数民族による反乱が続き、不安定な情勢が続いた。

　1962 年の軍事クーデターで社会主義体制に移行、憲法が停止されて企業が国有
化され、鎖国政策がとられる。国家体制と治安維持が政策の主眼とされ、約半世
紀の間経済成長の時間が止った。社会が停滞し、テレビ、ラジオ、新聞は国営の

みとなり、情報統制が行われた。さらに、軍事政権の中国への急接近もみられたが、2010年の総選挙で2011年には民主新政権が誕生した。2012年に米国が同国製品の禁輸措置の解除、2013年ＥＵも経済制裁の解除を行っている。同年、日本も火力発電所、貧困削減、経済特区開発など500億円規模の円借款供与を表明している。しかし、2021年2月にクーデターにより再び軍事政権が復活し、混迷を招いている。以上、ミャンマーの歴史、日本との関係からの同スタディである。

図表Ⅷ－20　ミャンマーの歴史

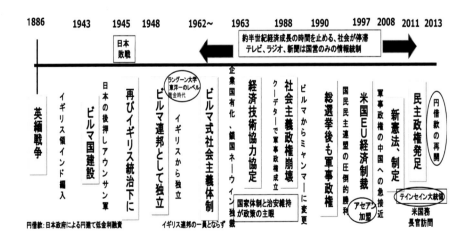

2　企業経営に関する重要制度

　法制度、税制、社会保障、労働法令、会社法、広告規制消費者保護、環境影響度、利害関係集団、担当行政、協力金等についての調査や分析とフィジビリティスタディを行う。

＜東アジアでのフィジビリティスタディ＞

台湾

　図表Ⅷ−22 は台湾での現地法人設立の概要整理した表である。シンガポール以外の国では多くの規制があるため、まず外資規制有無の調査が必要である。出資比率、最低資本金の検討を行ったうえで業種規制等の調査を行う。ローカルパートナーが必要な場合はその発掘、連携や支援可能な人脈についても同時にリストアップしておかなければならない。商談会や展示会についての検討及び事業計画策定に際しては為替リスクや影響を受ける可能性のある法律の改定リスク対応策も視野に入れておく必要がある。事業計画には営業収支、配当、利息、ロイヤルティ、管理費、業務委託費等も忘れずに折り込んでおかなければならない。

図表Ⅷ−21　台湾ＴＡＩＴＲＡ

１９７０年に台湾の対外貿易促進を目的に、台湾政府と業界団体の
支援により設立され非営利公的貿易振興機構（日本のジェトロ相当）。

1972 年に東京で日本事務所設立

台湾でのパートナー探し
TAITRA　ビジネスマッチングの実施
毎年、台湾で年間約 30 の国際専門見本市を主催
日本企業の買付、投資、市場開拓サポート、展示会へのPR活動実施

　次に会社設立（登記）時は公的支援や専門家の活用を行う。合弁会社を設立する場合は持株比率や社長の現地人必要性、役員の一部必要性の要否、パートナー

の原住民必要性の要否などの合弁規制の確認を行う。合弁会社設立手順は合弁相手との交渉後に合弁契約締結を行い、外国人投資申請書を提出したうえで投資許可を得、会社設立登記申請を行い提出する。銀行での資本金払い込めば合弁会社の設立が完了する。

図表Ⅷ－22　現地法人設立の概要

F／S（Feasibility Study）

現地法人設立概要（販売会社）

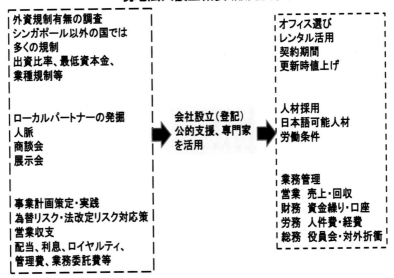

実務段階ではオフィス選び、オフィスのレンタル活用契約、将来の期間更新時の値上げ、人材の採用、日本語が可能な人材確保、採用人材の労働条件の検討を行わなければならない。

業務の管理面では営業体制である売上や売上金の回収方法や自社のセールスマンの管理、代理店を通す場合の契約、販売代理人、営業代行契約者といったセールスレップを活用する場合の仕組み作りを行う必要もある。財務面では資金繰り責任者の配置や銀行口座の開設を行う。

　労務面では総人件費枠の設定、経営幹部社員（キーパーソン）、現地従業員採用、従業員教育（日本での実施含む）、日本的雇用慣行による自社へのロイヤルティ醸成や日本人駐在員の選定も行わなければならない。総務面では役員会の開催の具体策や対外折衝の具体策について準備しておく。また、生産や製造を伴う場合は**品質管理の対象**、労働者の質、自社技術移転の内容方法、日本的管理（チームワーク醸成）や品質維持についても併せて準備しておかなければならない。以上、台湾の会社法、関係集団と日本との関係からの同スタディである。

＜アジア主要国でのフィジビリティスタディ＞
　　　　図表Ⅷ－23　アセアン主要国進出日系企業が抱える課題

ASEAN主要国進出日系企業が抱える課題

課題	マレーシア	ベトナム	インドネシア	フィリピン	タイ
1	人件費高騰	法未整備不透明運用	人件費高騰	インフラ未整備	人件費高騰
2	労働力不足人材採用難	人件費高騰	インフラ未整備	税制・税務手続き煩雑	労働力不足人材採用難
3	行政手続き煩雑さ	行政手続き煩雑さ	法未整備不透明運用	行政手続き煩雑さ	不安定な政治・社会
4	現地政府不透明政策運営	税制・税務手続き煩雑	現地政府不透明政策運営	法未整備不透明運用	現地政府不透明政策運営
5	不安定な為替	現地政府不透明政策運営	行政手続き煩雑さ	不安定な政治・社会	行政手続き煩雑さ

日本貿易振興機構（JETRO）2014

　図表Ⅷ－23はジェトロによるアセアン主要国マレーシア、ベトナム、インドネシア、フィリピン、タイでの進出日系企業が抱える課題をアンケート結果から整理した表である。

各国共通した課題は「人件費の高騰」、「行政手続きの煩雑さ」、「現地政府の不透明な政策運営」、「法の未整備、不透明な運用」、「税制・税務手続きの煩雑さ」が挙げられている。

対象国で固有な課題としてマレーシアでは「労働力不足や人材採用難」、「不安定な為替」が挙げられ、インドネシアとフィリピンでは「インフラ整備」が挙げられ、フィリピンとタイで「不安定な政治・社会」が挙げられている。以上がアンケート調査からの担当行政や企業経営に関する重要制度からの同スタディである。

フィリピン

図表Ⅷ－24 フィリピンでの会社設立

ビジネス開始手順（フィリピン）

フィリピンでのパートナー探し
↓
合弁相手との交渉
合弁契約締結
SECでの社名予約　　「社名予約書」発行

↓
定款作成　事業目的と付帯事業目的明確化
原則一社一事業目的　発起人5人以上、内3名はフィリピン在住者
資本金払い込み　「送金証明書」、「預金証明書」を銀行から取得
　　　　　　　　　　財務役宣誓書の公証を受けるSECへの登録申請
「事業開始申請書」、「社名予約書」、「定款」「送金証明書、預金証明書」、「財務役宣誓書」登録手数料（資本金の2.202%）受理後納税者番号発行
↓
本店所在地の地区への届出
地方自治体からの営業許可証取得
法人住民税等の納税手続き　税務署への事業登録　登録料納付
↓
請求書・領収書の印刷許可　印刷許可の税務署発行
↓
中央銀行への登録
従業員採用時、社会保険庁、住宅積立基金、健康保険の雇用者登録
　　　　　　　　　　　　　　　　　　ＳＥＣ：証券取引委員会

図表Ⅷ－24 フィリピンでの会社設立手順を表した表である。単独でのビジネスではなく現地パートナーと連携したビジネスを開始するときの手順である。

　まず、フィリピンでのパートナー探しから始めなければならない。パートナーが見つかれば合弁相手との交渉を行い、合弁契約の締結を実施する。その時にはＳＥＣ（証券取引委員会）での社名予約をし、「社名予約書」発行を受ける。

　続いて事業目的と付帯事業目的明確化した定款作成を行う。この定款は原則一社一事業目的とされ、発起人は５人以上、内３名はフィリピン在住者であることが求められる。

　資本金の払い込みを行い、「送金証明書」、「預金証明書」を銀行から取得する。財務役宣誓書の公証を受け、ＳＥＣへの登録を申請する。

　「事業開始申請書」、「社名予約書」、「定款」、「送金証明書、預金証明書」、「財務役宣誓書」の受理手続きを行い、登録手数料（資本金の 2.202%）を支払い、納税者番号発行を受ける。

　本店所在地の地区への届出を行い、地方自治体からの営業許可証取得後、法人住民税等の納税手続き、税務署への事業登録、登録料の納付を行う。

　併せて、請求書・領収書の印刷許可、印刷許可の税務署発行を受けた後、中央銀行への登録を実施する。また、従業員採用時には社会保険庁、住宅積立基金、健康保険の雇用者登録を実施する。以上がフィリピンにおける会社法、担当行政、利害関係者からの会社設立に関する同スタディである。

ベトナム

　図表Ⅷ−25 はベトナムでの販売拠点設立の図を示している。輸入卸売は経営ライセンスが原則不要になったが、小売業は２店舗目以降、エコノミックニーズテスト（出店審査）の対象となっている。

　ベトナムでの駐在事務所は同国の商工省への登録で活動は可能であるが、活動の範囲は限定的である。各種の連絡、市場調査や投資機会の促進に限定されている。また、設立は容易だが閉鎖には時間かかる。

　同国で小売経営ライセンスが必要な商品はコメ、砂糖、録画製品、図書、新聞、雑誌であり、卸売経営のライセンスが必要な商品は石油や石油関連商品である。以上がベトナムでの担当行政、利害関係者からの販売拠点設立に関する同スタディである。

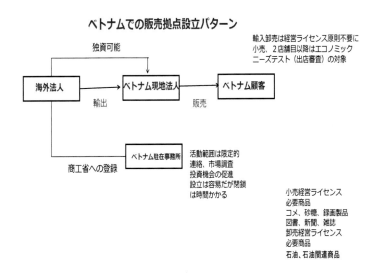

図表Ⅷ－25　ベトナムでの販売拠点設立

ミャンマー

　ミャンマーでは特別法に基づき所管官庁の許認可を要する分野が以下のように規定されている。

　1）ホテル業会社または個人が事業を始める前にホテル観光省に事前承認を求め、その承認を得てホテル観光局に事業許可（ライセンス）を申請する。ライセンスは2年間有効、かつ申請により延長は可能である。

　2）観光業旅行企画・運営業、旅行代理店、旅行運送業、ツアーガイドを行おうとする会社または個人は、ホテル観光省からライセンスを取得しなければならない。ライセンスは2年間有効、かつ申請により延長は可能である。

　3）金融業には商業銀行、投資または開発銀行、ファイナンス会社、信用組合等が含まれる。国営、民間共同事業、民間の如何を問わず、金融業を興そうとする者は、ミャンマー中央銀行の事前許可を取得しなければならない。外国の金融業者（銀行を含む）が駐在員事務所を開設する場合も中央銀行の事前承認が必要である。証券事業を興そうとする者は、ミャンマー証券取引委員会の事前許可を取得しなければならない。

　なお、2016年1月、ミャンマー政府は日本のメガバンク3行を含む外銀9行に対し銀行ライセンスを発給し、支店としての営業が認められた。また、2016年4月には4行、9月には1行が許可された。

外国企業の土地所有の可否について

　1）外国人（法人も含む）の土地所有は不可である。代わりに、土地使用権の賃借により不動産を確保する。土地はミャンマー政府、または民間から借り受けられる。外国企業の場合、土地・建物の賃借期間は原則として1年を超えることは認められない。投資法に基づくMIC許可または是認（Endorsement）および土地権利認可を取得した外国企業の場合は最大70年間、経済特区法に基づく投資許可の取得企業の場合は最大75年間、土地貸借権を得られる。

外国企業の雇用義務

　ミャンマー人雇用会社設立後2年間に全体の最低 25％に、次の二年間に最低50％に、さらに次の二年間に最低75％にすることを義務づける。

図表Ⅷ－26　ミャンマーでの有望ビジネス

ミャンマーの有望ビジネス

有望ビジネス	内容	動向	
鉱物資源関係	石油、天然ガス、金、銀、銅、レアメタル、ヒスイ、ルビー、サファイア	海外投機筋が注目	
農業	水資源、広大で肥沃な大地、若く豊富な労働力 ゴマ、蕎麦、フルーツ	人力と牛のみ「シャン米」価格日本の5分の1 プランテーション型農園	
ホテル・観光業	ホテル部屋数不足 中級以上のホテル少ない	ヤンゴン国際空港外国人入国者1日2千人	
通信・IT関係	SIMカード価格2013年～7千円（2008年16万円）	携帯電話普及率約10％ 情報インフラ貧弱	
株式投資	2015年ヤンゴン証券取引所開設、2018年現在5社不動産、銀行、情報通信関係が上場	運営は日本取引所グループ、大和総研、国営ミャンマー経済銀行の合弁会社	日本官民支援

プランテーション型農園：大規模工場生産方式を取り入れ、単一作物を大量栽培
SIMカード：加入者を特定するためのID番号が記録されたカード

図表Ⅷ－26 はミャンマーでの有望ビジネスを示した図表である。鉱物資源関係は海外の投機筋が注目しており、石油、天然ガス、金、銀、銅、レアメタル、ヒスイ、ルビー、サファイア等が対象である。

　農業では人力と牛のみでの「シャン米」価格は日本の五分の一程度である。プランテーション型農園（大規模工場生産方式を取り入れ、単一作物を大量栽培）や水資源、広大で肥沃な大地、若く豊富な労働力は魅力的でゴマ、蕎麦、フルーツの栽培が盛んである。

　ホテル・観光業ではヤンゴン国際空港の外国人入国者が 1 日約 2 千人あるにも関わらず、ホテル部屋の絶対数が不足している状態であり、特に中級以上のホテルは極めて少ない

　通信・IT関係では携帯電話普及率約 10％の状況で情報インフラ貧弱である。SIM カード価格 2008 年まで 16 万円で販売されていたものが、2013 年以降 7 千円に値下げされている。

　株式投資では 2015 年にヤンゴン証券取引所が開設された。2018 年現在では不動産、銀行、情報通信関係の 5 社しか上場されていない。上場運営は日本取引所グループ、大和総研、国営ミャンマー経済銀行の合弁会社が行っている。日本は官民あげて支援を行う。以上がミャンマーにおいての法制度、労働法令、会社法、利害関係集団、担当行政、日本との関係からの同スタディである。

3　インフラ、港湾、空港、物流コスト

図表Ⅷ－27　ティラワ経済特区 の造成地

ヤンゴン橋２０２１年に完成

２０１６年ヤダラガス田パイプライン

２０１８年電力供給システム完成

　対象国の日々の生活を支える公共施設、ガス、水道、道路、線路、電話、電気などのインフラストラクチャー（Infrastructures）について調査や分析とスタディを行う。このインフラストラクチャーは国や地方経済の成長の基盤であり、国民の生活の質を向上させることを可能にする。国内企業や海外企業の投資の決定要因である。対象国の港湾や空港の輸送量や形態、特徴などの把握も行わなければならない。物流における輸送料、保管料、荷役、流通加工、包装・梱包、情報管理などのコストも把握しておく必要がある。

4　治安

　犯罪率について世界的なデータベース「Nunbeo　Safety　Index」が毎年公表しており、把握しておかなければならない。犯罪が頻発し、警察などの治安を管理するシステムが機能していないと事業活動にマイナスの影響を与える可能性は大きい。

5　労務環境

　第Ⅴ章の事業活動の地域別コスト比較でアジアでの労賃について分析を行ったが、労務環境はさらに対象国における雇用者制度についての仕組みや規制内容について理解をしておかなければならない。

　対象国の労働法における雇用契約の解釈と運営の異なり、解雇や人員削減に対する規制、外国人労働者の雇用規制、従業員の定着率なども把握しておく。
特に企業側の支払いが発生する賃金の支払い方法や賃金控除についての取り決めや賞与の支払いについての取り決め、退職金の支払いについての取り決めなどは事前に当該国の法律に基づき、事業活動に際して定めておかなければならない。

6　マーケット

　フィジビリティ調査においては販売先候補、仕入先候補、価格やターゲットの設定は広目に捉えておく必要がある。同時に現地での日常の生活シーン把握するためにタウンウッチングなども積極的に行う必要がある。さらにアンケート調査やグループインタビュー、デプス調査により取り扱う製品の問題点を認識しておく。

当該製品の購入決定要因、同製品の情報収集容易性や標的とする市場の占有率状況、市場の特性、浸透度合い、ポジショニングやチャネル、販売場所なども把握しておかなければならない。

　同時にホームページ、イベント、フリーペーパー、ネット掲示板、ブログなどよく用いられている販促媒体を把握しておく。

　平均的なマージン率、開設費・販促費等・リベート・報奨金など必要とされる他のコスト要因についても知っておかなければならない。

　対象地域における日本製品への品質の高さや丁寧さ、お洒落感、健康イメージ、安全性など評価内容についても確認しておく。さらに、当該製品関連の展示会開催状況等についても把握しておく必要がある。

7　同業他社動向

　同業他社の対象地域でのヒット商品やロングセラー商品を把握しておく必要がある。ヒットやロングセラーの要因が機能、色、形、ネーミング、サイズなどどこにあるのかを知っておく。

　同業他社の製品広告方法、価格設定、交渉時の態度（声の大きさ等）、製品の潜在需要、製品の評価、パッケージデザイン、競合製品のセールや市場での割引状況も確認しておく。

また自社取引先弁護士や調査会社活用した同業他社の現状ビジネス精査も必要になってくる可能性もある。その場合、同業他社における事業計画の根拠、新規取引先などの具体的戦略、資本金、借入状況、主たる株主、経営者の経歴、経営の範囲、主要業務占有率、従業員数、市場の評価、売上、利益、損益などの経営状況、固定資産等などの会社資産状況などである。

8　教育環境

<東アジアでのフィジビリティスタディ>

中国

　就学前教育が 3 歳〜6 歳の幼児を対象に行われ、義務教育は 6〜15 歳の 9 年間である。小学校は 6 年制であり、前期中等教育卒業者が後期中等教育機関にすすむ。高等教育には 4 年の本科と大学院レベルが存在する。

韓国

　就学前教育が 3 歳〜5 歳の幼児を対象に行われ、義務教育は 6〜15 歳の 9 年間。小学校は 6 年制で中等教育は 3 年間、後期中等教育は 3 年間普通高等学校と職業高等学校で行われる。高等教育は 4 年制大学と 2〜3 年制の専門大学で行われる。

台湾

　就学前教育が 2 歳〜5 歳の幼児を対象に行われ、義務教育は 6〜15 歳の 9 年間である。小学校は 6 年制であり、中等教育は前期と後期に分かれる。国民中学卒業者が高級中学校にすすむ。高等教育には 4 年の学士課程と大学院レベルが存在する。

<アジア主要国でのフィジビリティスタディ>

　アセアン各国では経済発展に伴い、初等教育の就学率は上昇しているが、義務教育制度には国よる異なりもみられる。初等教育ではほぼ 9 割が就学しており、若年層の識字率も 90％を超えているといわれている。中等教育（中学校等）以上においては一人当たりのＧＤＰと就学率には相関があるとされ、高等教育（大学、専門学校等）就学率は経済発展を続けていくための大きな要因である。以下アジア主要国の学校教育制度を紹介する。

インドネシア

　インドネシアの学校教育制度は一般学校と宗教の時間を多く取り入れたイスラム学校の 2 つの体系から構成されている。就学前教育が 4 歳〜5 歳の幼児を対象に行われ、義務教育は 7〜16 歳の 9 年間である。小学校は 6 年制であり、中等教育は前期中等教育卒業者が後期中等教育機関にすすむ。高等教育は 4 年制大学と大学院レベルが存在する。

タイ

　就学前教育が 3 歳〜5 歳の幼児を対象に行われ、義務教育は 6〜15 歳の 9 年間である。小学校は 6 年制であり、中等教育は前期中等教育卒業者が後期中等教育機関にすすむ。高等教育は 4 年制大学と大学院レベルが存在する。

フィリピン

　就学前教育が 3 歳〜5 歳の幼児を対象に行われ、義務教育は 5〜18 歳の 13 年間である。小学校は 6 年制であり、中等教育は 4 年の前期中等教育卒業者が 2 年の後期中等教育機関にすすむ。高等教育は 4 年制大学と大学院レベルが存在する。

マレーシア

　就学前教育が 3 歳〜5 歳の幼児を対象に行われ、義務教育は 6〜15 歳の 9 年間である。初等学校は 5 年制であり、中等教育は前期と後期に分かれる。下級中等学校卒業者が上級中等学校にすすむ。高等教育には 4 年の学士課程と大学院レベルが存在する。

ベトナム

　就学前教育が 4 歳〜5 歳の幼児を対象に行われ、義務教育は 5〜10 歳の 5 年間である。初等学校は 5 年制であり、中等教育は前期と後期に分かれる。前期中等学校卒業者が後期中等学校にすすむ。高等教育にはジュニアカレッジ、4 年の学士課程と大学院レベルが存在する。

ミャンマー

図表Ⅷ−28　ミャンマーの寺院での教育
僧侶は大変尊敬されている　お寺で読み書きも教える
小学校 5 年位まで、識字率約 9 0 ％

　就学前教育が 3 歳〜5 歳の幼児を対象に行われ、義務教育は 6〜12 歳の 6 年間である。国民学校は 6 年制であり、中等教育は前期と後期に分かれる。前期中等

学校卒業者が後期中等学校にすすむ。高等教育には短期大学、4 年の学士課程と
大学院レベルが存在する。

　図表VIII－29 はミャンマーの技能実習生教育後の日本での受入手続きと必要書
類を示した図表である。

図表VIII－29　ミャンマーの技能実習生教育

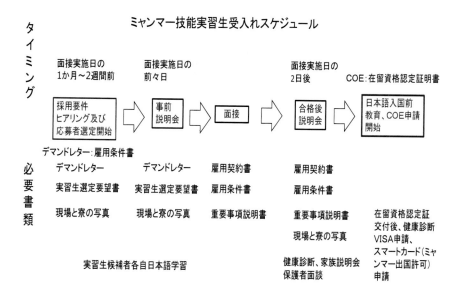

　面接実施日の 1 か月～2 週間前には採用要件のヒアリング及び応募者選定が開
始され、デマンドレター（雇用条件書）と実習生選定要望書や現場と寮の写真が
準備される。この時期には実習生候補者は各自日本語の学習をすすめておくこと
が必要である。
　面接実施日の前々日の事前説明会では実習生選定要望書を準備しておく。面接
当日には　雇用契約書、雇用条件書、重要事項説明書が必要である。
　面接実施日の 2 日後の合格発表後の説明会では雇用契約書、雇用条件書、重要
事項説明書、健康診断書などの家族への説明会及び保護者面談が実施される。

ミャンマー出国前にはＣＯＥ（在留資格認定証明書）の申請が開始され、日本語入国前教育が行われる。在留資格認定証が交付後には健康診断、ＶＩＳＡの申請、スマートカード（ミャンマー出国許可）の申請が行われる。

9　日本の政府機関

　対象国における日本の政府機関の情報や活動内容、サポート内容について確認しておく必要がある。

　日本の大使館は対象国の首都または主要国に置かれ、ビザの発給やパスポートの発行、更新、滞在先での日本国民の保護といった援助、広報や文化交流活動、情報収集活動などを行っている。

　日本の領事館は対象国の政治問題には対処しないが同国に居住する日本人の保護や通商の促進などを目的とした業務を行っている。

　ジェトロはアジア地域に 27 の事務所を持ち、対日投資の促進や農林水産物、食品輸出、中堅・中小企業等の海外展開の支援を行う。なお、正式な国交のない台湾では公益財団法人日台交流協会がその役割を担っている。

10　日系進出企業の組織

　対象国における日系進出企業の情報や活動内容、サポート内容について確認しておく必要がある。

日本人会

　日本人会とは対象国に長期滞在する日本人の交流会のことである。会の目的は概ね親睦や交流、情報交換及び共通の利益擁護などである。活動内容や範囲は様々であるため留意しておく必要がある。

日本商工会議所等

　在外の日本商工会議所はアジア地域に 30 カ所存在している。会員企業の相互交流を図り、企業の円滑な活動のための各種の情報提供、経営活動の課題などに対して関係機関との連携によるサポートを行っている。

[**本章の課題問題**]

1　東アジアでの社会、経済、社会からのフィジビリティ調査について説明して
　　ください。

2　アジア主要国の日系企業投資環境評価について説明してください。

3　ベトナムにおいての内需開拓の課題や市場の特徴ついて説明してください。

第Ⅸ章　マーケティング戦略と事業活動

　企業が国際マーケティングに進出するきっかけには、国内の輸出業者や海外の
輸入業者、外国政府などの誰かがその企業に海外での販売を求める場合が多い。
または企業は独自の考えに基づいて海外への進出を開始するというケースもある。
その企業は国内で過剰能力に直面しているかもしれないし、国内よりも海外のほ
うがより優れたマーケティング諸機会が存在することを予測しているかもしれな
い。海外に進出する以前に、企業は国際マーケティングの目的と政策を準備して
おく必要がある。

　　第Ⅲ章貿易システムと経済統計からのマクロ環境把握、第Ⅳ章の所得分布と
市場成長性からのマクロ分析でアジアのマーケットのマクロ分析を実施し、第Ⅶ
章海外市場ミクロ環境においてマーケットのミクロ分析を行った。

　本章ではアジア市場でのマーケティング戦略を立案するために、まずＳＷＯＴ
分析、市場機会の分析を理解したうえで各種の戦略や事業活動へのアプローチ方
法を明らかにしていきたい。

1　マーケティング戦略立案

　マーケティング戦略は一般的には特定の目標を達成するために、長期的視野と
複合思考で力や資源を総合的に運用することを目的とする。組織の基本的な活動
の内容と範囲、経営資源の獲得・蓄積・配分、業務の構造とその基本的進め方、
競争上の位置づけ（ポジショニング）等々を規定する特定の意思決定でもある。

（1）ＳＷＯＴ分析

　ＳＷＯＴ分析（SWOT　matrix）は意思決定プロセスの予備段階で使用するこ
とができ、多くの種類の組織で戦略的地位を評価するツールとして用いられてい
る。

<内部環境>

強み（Strength）

　同業他社と比較した場合の「強み」・同業他社と比較して何らかの独自性や新規性があり「強み」があるなら、どの点が強みで事業性がいかにあるかなどを明確に説明する。

弱み（Weakness）

　同業他社と比較した場合の「弱み」を説明する。同業他社と比べて、自社に何が足りないか、何が弱みになっているかを明確にする。

図表IX−1　ＳＷＯＴ分析

【プラス面】　　　　　【マイナス面】

内部環境

強み　−Strength−
・同業他社と比較した場合の「強み」
・同業他社と比較して何らかの独自性や新規性があり「強み」があるなら、どの点が強みで事業性がいかにあるかなどを明確に説明する

弱み　−Weakness−
・同業他社と比較した場合の「弱み」を説明する
・同業他社と比べて、自社に何が足りないか、何が弱みになっているか

外部環境

機会　−Opportunity−
・現在置かれている事業環境の機会のことであり、市場の拡大や市場の変化によって自社が置かれている事業環境がよい方向に変化する事業展開を説明する

脅威　−Threat−
・現在の事業環境が自社にとって悪い方向に変化する状況である
・世の中の変化、技術の変化を見誤ると、業界トップ企業も落ちる

<外部環境>

機会（Opportunity）

　現在置かれている事業環境の機会のことであり、市場の拡大や市場の変化によって自社が置かれている事業環境がよい方向に変化する事業展開を説明する。

脅威（Threat）

　現在の事業環境が自社にとって悪い方向に変化する状況である。世の中の変化、技術の変化を見誤ると、業界トップ企業も落ちる可能性がある。

（2）クロス ＳＷＯＴ分析

　事業環境を分析し、メッセージを抽出する際には企業・組織が持っているビジネス機会や外的脅威などの「外部環境分析」と、企業が持つコンピテンスや組織体制などの「内部要因分析」から自社の位置付けを判断し、対策を導出する。

　図表Ⅷ－2 はクロスＳＷＯＴ分析の考え方を表した図表である。4 つの要素がそれぞれ交わった状況のときの対応策を検討しなければならない。

図表Ⅸ－2　クロスＳＷＯＴ分析

SWOT分析 アルバートSハンフリー

強み・弱み・機会・脅威

SWOT分析は主観的になりがちであるため、注意が必要である。2人が別々にSWOT分析をしたときに、同じ結果になることはまれだといわれる。あくまでも分析を行う際のガイド（目安）として使う。

	Opportunities 機会	Threats 脅威
Strength 強み	自らの強みで取り込むことのできる事業機会は何か？	自らの強みで脅威を回避できないか？
Weekness 弱み	自らの弱みで事業機会を取りこぼさないためには何が必要か？	脅威と弱みのはち合わせで最悪の事態を招かないためには？

<機会と強みのクロス>

自らの強みで取り込むことのできる事業機会は何かについて検討を行う。積極化戦略で機会と強みを活かし自社の優位性を高める方向性である。

<機会と弱みのクロス>

自らの弱みで事業機会を取りこぼさないためには何が必要か、不足していることについての検討を行う。弱点強化戦略で弱みにより機会損失とならない対策を打つ必要がある。

<脅威と強みのクロス>

自らの強みで脅威を回避できないかについて検討を行う。差別化戦略で脅威を自社の強みで差別化する方向性である。

<脅威と弱みのクロス>

脅威と弱みのはち合わせで最悪の事態を招かない方策の検討を行う。防衛策であり、専守防衛か撤退で最悪の事態回避策を取る。

ＳＷＯＴ分析は主観的になりがちであるため、注意が必要である。2 人が別々にＳＷＯＴ分析をしたときに、同じ結果になることはまれだといわれる。あくまでも分析を行う際のガイド（目安）として使うことに留意しなければならない。

（3）市場機会の分析

いかなる企業も現状の製品と市場だけで永続的な活動が可能であるとは考えられない。企業は多くの機会を持っていないと考える傾向があるが、どのような企業も多くの市場機会に直面していると考えるべきである。

図表Ⅷ－3 は製品・市場マトリックスから新市場の識別や経営戦略の方向性を示した図表である。

<市場浸透「既存市場×既存製品」>

いままでの市場に既存の製品やサービスを投入して、売上高や市場シェアの拡大を目指す。製品の認知度の向上や市場の購買意欲の向上が課題であり、顧客一

人当たりの購買数や購入金額、購入頻度やリピート率の増加により既存製品の売上高の拡大を図る。セット割引、リピート割引などの価格設定やアフターフォローの実施などの施策がある。もっともリスクが低く取り組みやすい戦略である。

図表IX−3　製品・市場マトリックスからの新市場の識別

製品-市場マトリックス イゴール・アンゾフ（60年代）

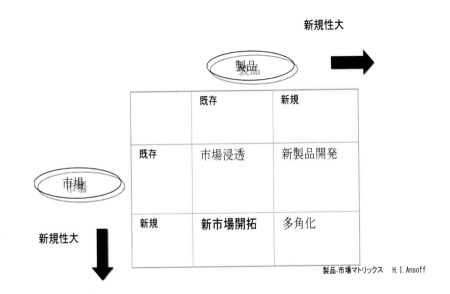

<新商品開発「既存市場×新規製品」>

　いままでの市場に新しい製品やサービスを投入して、売上高や市場シェアの拡大を目指す。既存市場のニーズに対応した製品やサービスを開発することやそれらが競合との差別化が図れるかが課題であり、場合によっては研究施設、製造設備や従業員などの新たな投資の必要性もでてくる。関連商品、バージョンアップ商品、機能追加商品などの新しい商品を既存顧客に販売する。

<新市場開拓「新規市場×既存製品」>

　既存の製品やサービスを新しい市場に販売する。新しいエリアや顧客など、これまでアプローチしてこなかった市場の開拓を行うため、今まで以上の専門的な調査や分析が必要になる。その市場に競合がいる場合には商品力、営業力、販売ネットワークなどの優位性が求められる。日系企業による既存製品の海外進出や展開は新市場開拓の典型的な例といえる。

<多角化「新規市場×新規製品」>

　新しい市場向けの新製品を開発し、販売する。ほとんど経験のない市場で新製品を投入しなければならないため、マーケティングコスト、製品・サービス開発コストなどの費用が多く発生する。リスクがあっても新しい収益源が必要な場合に多角化に成功すれば、多くのリターンが望めるためこの戦略が用いられる。

　多角化戦略には次の4つの類型がある。
1) 水平型多角化

　既存技術と関連性の高い新製品を既存と類似した市場に投入する。
2) 垂直型多角化

　既存技術と関連性の低い新製品を既存と類似した市場に投入する。
3) 集中型多角化

　既存技術と関連性の高い新製品を異なった市場に投入する。
4) 集成型多角化

　既存の技術や市場とは全く異なった事業に進出する。

（4）競争地位分析

　企業間の競争における出発のベースには当該企業主体が持つ競争市場内の相対的経営資源の差がある。この経営資源には量的な資源と質的な資源が存在している。量的な資源とは技術者数や営業社員数などの「ヒト」、供給力や生産能力などの「モノ」、内部留保や投入資金力などの「カネ」に関わる市場における企業に蓄積されたパワーで示される。質的な経営資源とは企業ブランドやロイヤリティ、品質、広告、営業ノウハウ、流通チャネル管理力、技術水準、トップのリーダーシップなどの無形の企業の技で示される。

これらの競争市場内の相対的経営資源の差から企業を「リーダー」、「チャレンジャー」、「ニッチャー」、「フォロワー」という4つの競争地位に分類することができる。

1) 競争地位戦略の定石

企業の4つの競争地位別市場目標、基本方針、行動原則は以下のように考えられる。

図表Ⅸ－4　競争地位戦略の定石

競争地位戦略定石

フィリップ・コトラー

	市場目標	基本方針	行動原則
リーダー	最大シェア 利潤・名声	全方位	周辺需要拡大、非価格競争 同質化対応
チャレンジャー	市場シェア	差別	製品サービス・価格・チャネル・ プロモーション差別化
ニッチャー	利潤・名声	集中	競争優位性の生かせるセグメントに 集中・専門化、ミニリーダー戦略
フォロワー	生存利潤	模倣	成功のメドのついたやり方を迅速に 模倣、魅力乏しい市場に低価格対応

<リーダー>

リーダー企業がとるべき市場目標はすでに当該市場内で最高のポジションにあるため、最大シェアの維持、利潤や名声とイメージの確保である。基本方針は市場全体の成長を念頭においての全方位であり、行動の原則は周辺需要拡大、非価格競争、同質化対応である。

　この同質化対応とは競争相手の差別化対応策に対して、相手と同じ内容の対応策を講じて差別化を封じてしまう策をいう。日本の自動車業界の例を挙げると「トヨタ自動車」が該当する。また、日本の旅行代理店業界の例 を挙げると「ＪＴＢ」が該当する。

<チャレンジャー>

　チャレンジャー企業がとるべき市場目標はリーダーを目指して市場シェアの拡大を図る。基本方針は差別化あり、行動の原則は製品サービス・価格・チャネル・プロモーション差別化でリーダーの弱点攻撃することが有効である。日本の自動車の例を挙げると「日産自動車」、「ホンダ」が該当する。また、日本の旅行代理店業界の例を挙げると「近畿日本ツーリスト」、「ＨＩＳ」が該当する。

<ニッチャー>

　ニッチャー企業がとるべき市場目標は優位性の生かせる特定ニッチ市場における疑似独占状態を背景にそこでの利潤と名声やイメージの追求を行うことができる。基本方針は限られた力を強い技に徹底して集中することである。行動の原則は競争優位性の生かせるセグメントに集中し、専門化によるミニリーダー戦略を採用する。

　採算性のためにリーダーが扱わない分野、もしくは気がついていない分野に資源を集中させる企業の地位を指す。日本の自動車の例を挙げると「スズキ」が該当する。また、日本の旅行代理店業界の例を挙げると「読売旅行」が該当する。

<フォロワー>

　フォロワー企業がとるべき市場目標は最低限生きる糧としての生存利潤そのものを優先させる。基本方針は模倣である。行動の原則は成功のメドのついたやり方を迅速に模倣し、魅力乏しい市場に低価格で対応しながら生存利潤を確保する。リーダーに挑戦せず、現状を維持し、あえて危険を冒さない企業の地位を指す。

　日本の自動車の例を挙げると「ダイハツ」、「スバル」が該当する。また、日本の旅行代理店業界の例を挙げると「阪急交通社」、「クラブツーリズム」が該当する。

　多くの相対的競争資源に乏しい中堅企業や中小企業は当初はフォロワー型の定

石で競争を通じ、経営資源の蓄積を行う。そのなかから特定の技に特化してニッチャーに移行するケースも多い。フォロワー企業がニッチャー企業への転換方法には以下のパターンなどがある。

1. 特定需要に応じた専門化
2. 特定顧客向けの専門化
3. 特定地域の専門化
4. 特定チャネルの専門化
5. 特定製品の専門化

2) 競争地位戦略別のターゲットとマーケティング・ミックス

図表IX－5　競争地位戦略別のターゲットとマーケティング・ミックス

海外マーケットでの取組　競争地位別の対応戦略

市場ターゲット	マーケティングミックス
リーダー フルカバレージ	製品：中〜高品質、価格：中〜高価格 チャネル：開放型、プロモーション：高い水準
チャレンジャー セミフルカバレージ	製品、価格、チャネル、プロモーションのすべてにおいてリーダーとの差別化
ニッチャー 特定市場	製品：中〜高品質、価格：中〜高価格 チャネル：限定型、プロモーション：特殊訴求
フォロワー 経済性セグメント	製品：並〜並以下、価格：低価格 チャネル：価格訴求チャネル、 プロモーション：低い

　図表Ⅷ－5 は競争地位戦略別のターゲットとマーケティング・ミックスの考え方を表した図表である。リーダーの市場ターゲットは「フルカバレージ」であるため製品政策は「フルライン化」が基本になる。中心製品は中〜高品質が必要であり、価格は中〜高水準価格に設定され、チャネルは開放型を基本とする。プロモーションは業界平均よりやや高い水準が要求される。

　チャレンジャーの市場ターゲットは「セミフルカバレージ」であり、製品、価格、チャネル、プロモーションのすべてにおいてリーダーとの差別化が求められる。

　ニッチャーの市場ターゲットは製品や顧客層が特化した「特定市場」である。製品政策は「限定ライン」が基本になる。中心製品は高品質水準以上が必要であり、価格は中〜高水準価格に設定され、チャネルは限定型や特殊型を基本とする。プロモーションにおいても特殊訴求が要求される。

　フォロワーの市場ターゲットは「経済性セグメント」である。中心製品は他社並〜並以下の品質であり、価格は低価格水準に設定され、価格訴求型チャネルを基本とする。また、プロモーションも低水準である。

（5）ベンチマーキング
1)ベンチマーキング法
　図表Ⅷ－6 は 4 つのベンチマーキング（bench　marking）の内容を示した図表である。

　ベンチマーキングにより追求すべき顧客満足の目標水準を発見し、目標の設定を行い、それを実行していく。顧客満足基準の設定は幅広い顕在的、潜在的競争者のもっとも優れたやり方を基準値として用いるため現実的で理解が容易になる。

<内的ベンチマーキング>
　自社内部のもっとも優れた顧客満足事業の数値を目標基準に設定する。組織内の成功事例を他部署などに水平展開されることが多い。

<競争的ベンチマーキング>
　同一市場内のもっとも優れた顧客満足追求の競争者を徹底解剖して自社を同一

以上の基準値になるように設定する。例として、日本のコンビニエンスストア間では競合相手の優れた商品やサービスが積極的に導入されている。また、精密機械業界でもリバースエンジニアリング（Reverse engineering：逆行工学、機械を分解し、動作観察）で技術情報入手し、対応する性能基準が設定されている。

＜機能的ベンチマーキング＞

　ある特定の機能分野で優れた企業や業界があれば、それを基準にする。例として、インターネットでの販売成功例や納入期間短縮のための受発注機能分野の基準値などがある。

図表IX－6　ベンチマーキング法

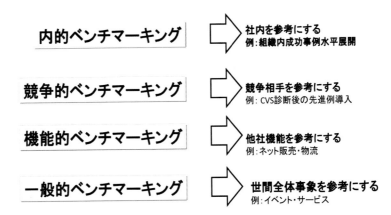

ベンチマーキング理論

内的ベンチマーキング　　⇒　社内を参考にする
例：組織内成功事例水平展開

競争的ベンチマーキング　⇒　競争相手を参考にする
例：CVS診断後の先進例導入

機能的ベンチマーキング　⇒　他社機能を参考にする
例：ネット販売・物流

一般的ベンチマーキング　⇒　世間全体事象を参考にする
例：イベント・サービス

＊Benchmarking同じプロセスに関する優良・最高の事例を分析し、
業務効率向上へとつなげる経営手法

ロバート・C・キャンプ提唱、1989 年

＜一般的ベンチマーキング＞

　他のいかなる分野でも優れた満足化対応をしている企業や業界の方式を基準値にする。例として、世間で人気のあるイベントやサービスを基準値として設定する。

2) ベストプラクティス（the best practice）探索

　いかなる優良企業も伝統にあぐらをかき自己満足に陥ってしまえば革新と発展は終わってしまう。常によい実行やアイデアを外部に求め、世の中に存在する最高の事業運営を行っている企業を探索し、研究及び分析する。ベストプラクティスは「最高の実行」であり、「合法化された盗作」であるともいえる。

　図表Ⅷ－7 はザ・ベスト・プラクティスを発見するため米国の「ＧＥ社」が世界で9社を選定し、成功企業の共通特徴を示した図表である。

図表Ⅸ－7　ザ・ベスト・プラクティスの探索

東アジアで多用されるザ・ベスト・プラクティス（最高の実行）の探索

①人間ではなく、仕事のプロセスを管理

②*プロセス・マッピングとベンチマーキング手法採用

③継続的・漸進的な改革を強調し、その成果をたたえる

④社内目標より顧客満足を企業成果の主要指標にしている

⑤高品質な新製品を継続投入して生産性を高めている

⑥*サプライヤーをパートナーとしている

＊プロセス・マッピング：プロセスの流れを把握するために、プロセスに含まれるあらゆる要素を図示したもの
＊サプライヤー：供給業者、部品メーカ（取引先）を指す

　共通特徴は①人間ではなく、仕事のプロセスを管理している。②プロセス・マッピング（プロセスの流れを把握するために、プロセスに含まれるあらゆる要素を図示したもの）とベンチマーキング手法採用している。③継続的・漸進的な改革

を強調し、その成果をたたえている。④社内目標より顧客満足を企業成果の主要指標にしている。⑤高品質な新製品を継続投入して生産性を高めている。⑥サプライヤー（供給業者、部品メーカー、取引先を指す）をパートナーとしている。「ＧＥ社」は以上の内容を報告した。

（6）マーケティング戦略プロセス

　ほとんどの企業は海外で事業を開始する際に小規模な形でスタートする。海外での事業活動がその事業の一部分として捉え、小規模なままに留まる企業もあれば海外での事業を究極的にはその国内事業と同程度か、またはそれ以上のものとして考えて壮大な計画を作成する企業もある。まず、総売上高のどの程度を海外で求めるかを決定しておく必要がある。また、限定国でのマーケティングなのか、多数国でのマーケティングなのかの選択も求められる。また、企業は進出しようとする国のタイプについて決定を行なわなければならない。企業にとって魅力的な国とは製品、地理的要素、所得と人口、政治風土およびその他の要素によって左右される。販売業者の好みは世界のある一定のグループに属する国なのか、またはどんな役割を果たしているかに影響されるだろう。

　図表Ⅸ－8 はマーケティング戦略のプロセスを示した表である。第Ⅶ章の海外市場ミクロ環境把握でみた「3Ｃ分析」と本章述べた「ＳＷＯＴ分析」を用いたうえで強みを活かして機会を捉える「ＳＯ戦略」を立案し、論理的で創造的なアクションプランである「4Ｐ政策」の策定を行う。

　将来的に企業にとって最もよい戦略は何かを意思決定する必要がある場合、その決定をするには、現状の戦略がどういうもので、どの程度効果を上げているのかを分析してからでなくてはできない。また、プロセス作成には示された情報から結論を組み立て、無関係なもの、価値の低いものを取り除いていく必要がある。欠けている情報を推論で補い、ケースのいろいろな部分から論拠をつなぎ合わせて結論にまとめることが求められる。

図表IX-8　マーケティング戦略プロセス

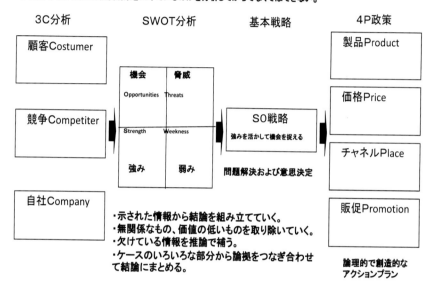

マーケティング戦略プロセス例

将来的に会社にとって最もよい戦略は何かを意思決定する必要がある場合、その決定をするには、現状の戦略がどういうもので、どの程度効果を上げているのかを分析してからでなくてはできない。

（7）R－STP－MM　フレームワーク

　R－STP－MMはフィリップ・コトラーの提唱したマーケティング基本プロセスのフレームワークである。Rは調査・分析（Research）、Sは細分化（Segmentation）、Tはターゲティング（Targeting）、Pはポジショニング（Positioning）、MMはマーケティング・ミックス（Marketing　Mix）を意味している。効果的に市場を開拓するためのマーケティング手法といえる。マーケティングの目的である、自社が誰に対してどのような価値を提供するのかを明確にするための要素を明確にすることができる。

　Rの調査・分析は当該市場を知るためのマクロ環境分析と競合を知るためのミクロ環境分析に分けてすすめていく。次に本章述べた「SWOT」により、戦略の立案を実施する。

Sの細分化では想定される顧客層の特定を行い、Tのターゲティングで具体的な顧客の設定を実施する。Pのポジショニングにおいて競合と比較しての立ち位置の設定を行う。

　MMのマーケティング・ミックスの「プロダクト」で顧客層ニーズにマッチした製品の選定を行い、「プライス」では顧客層が購入可能な価格の設定を実施する。「プレイス」では顧客層が買いやすい場所の選定を行い、「プロモーション」で顧客層に選ばれる仕掛け作りを実施する。

図表Ⅸ-9　R-STP-MMフレームワーク

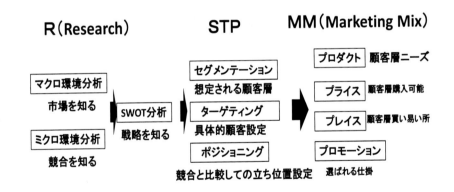

<調査・分析（Research）>

　所得分布や市場成長性からのマクロ分析は対象市場を知るための分析であり、ミクロ分析は競合を知るための分析であるともいえる。

<セグメンテーション（segmentation）>

　市場における顧客のニーズごとにグループ化する、市場をセグメント（細分化）する。　様々な角度から市場調査し、ユーザ層、購買層といった形であぶり出し明

確化していく。市場の切り口という意味である。

図表Ⅸ－10　セグメンテーションとターゲティング

セグメンテーションとターゲティング

市場細分化
(market segmentation)

特定商品における市場を異質とみなし、顧客市場を細分化することによって特定カテゴリに対して集中的にアプローチすることを目的に行われるターゲティングを掘り進めていく方法

年齢層（セグメント、マーケット）

鎮痛剤市場のカバー方法例

ベネフィット（利益、製品）

	若者	中年	高齢者
迅速な回復	◉ 単一集中型	○	
持続的回復	●	● ○	● 製品特化専門型
穏やかな回復		○ 市場特化型	

マーケット層の分類
年齢、地域、男女、所得等

フルカバレッジ型はすべての製品をすべてのマーケットに販売

　図表Ⅸ－10 はセグメンテーションとターゲティングの関係を表した図表である。市場細分化（market segmentation）は特定商品における市場を異質とみなし、顧客市場を細分化することによって特定カテゴリに対して集中的にアプローチすることを目的に行われ、ターゲティングを掘り進めていく方法である。マーケット層の分類には年齢、地域、男女、所得等様々な層が存在する。この図表ではベネフィット（利益、製品）を「迅速な回復」、「持続的回復」、「穏やかな回復」に分け、マーケット層を「若者」、「中年」、「高齢者」に分けている。単一マーケット層に単一ベネフィットを提供するのは「単一集中型ターゲティング」であり、単一マーケット層にすべてのベネフィットを提供するのは「市場特化型ターゲ

ティング」である。すべてのマーケット層に単一ベネフィットを提供するのは「製品特化型ターゲティング」であり、すべての製品をすべてのマーケットに提供する場合は「フルカバレッジ型ターゲティング」となる。

<ターゲティング（Targeting）>

　自社の参入すべき市場セグメントの選定を行う。ターゲットの選定を行うことで競争優位を得られる可能性が高くなる。選定は複数のセグメンテーション軸を組み合わせて行なうことが一般的である。その際には、ターゲットの市場規模、成長性などの経済的価値やニーズを分析することが重要である。

図表Ⅸ-11　セグメントからターゲット選定

セグメントからターゲット選定

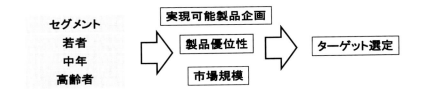

<ポジショニング（Positioning）>

　顧客に対するベネフィット（利益）を検討する。自らのポジションを確立する。そのためには、顧客のニーズを満たし、機能やコスト面での独自性が受け入れられるかがポイントとなる。言い換えると自社の身を守り、能力を最大限に生かせる立ち位置を決めることであるといえる。

　図表Ⅸ-12 中国の日系百貨店で導入されているブランドショップのポジショニングを示した図表である。縦軸に価格の高低、横軸にファッション性の強さ、弱さを用いている。欧米系のブランドは高価格帯でファッション性が高い～中程

度に位置し、東アジア系のブランドは中程度価格から低価格帯でファッション性
が高い～低いに位置している。

図表IX−12　ブランドポジショニング

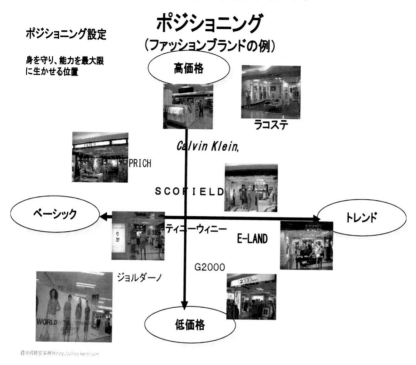

図表IX−13 は日系ホテル業界で導入されているポジショニングを示した図表
である。縦軸に付加価値の高低、横軸に提供するサービスの質の高さ、低さを用
いている。「システム」型のサービス提供とはあらかじめ決められたマニュアル等
により経験や知識があまりない従業員でも提供できるサービスを指し、「個別対
応」型のサービスでは個々の顧客に対して状況に応じて最適なサービスを従業員
が提供する。「システム」型のサービス提供による低付加価値化はホテルを大衆化
へ向かわせる。一方「個別対応」型のサービス提供による高付加価値化はホテル
を高級化へ向かわせる。

「システム」型のサービス提供による低付加価値形態の代表例は「カプセル」ホテルであり、「ビジネス」ホテルもこの分類に属する。「個別対応」型のサービス提供による高付加価値形態の代表例は「高級旅館」ある。

　提供するサービスの高付加価値化を実現するためには従業員（Personnel）、業務プロセス（Process）、物的証拠（Physical Evidence）を改善していく必要がある。この物的証拠は分かりやすく言えば、安全や安心の保証及び証拠のことを指している。

　個別の従業員には内的要因であるモチベーションが必要であり、目標管理による報酬制度など動機づけの過程を重視しなければならない。

図表Ⅸ－13　サービスポジショニング

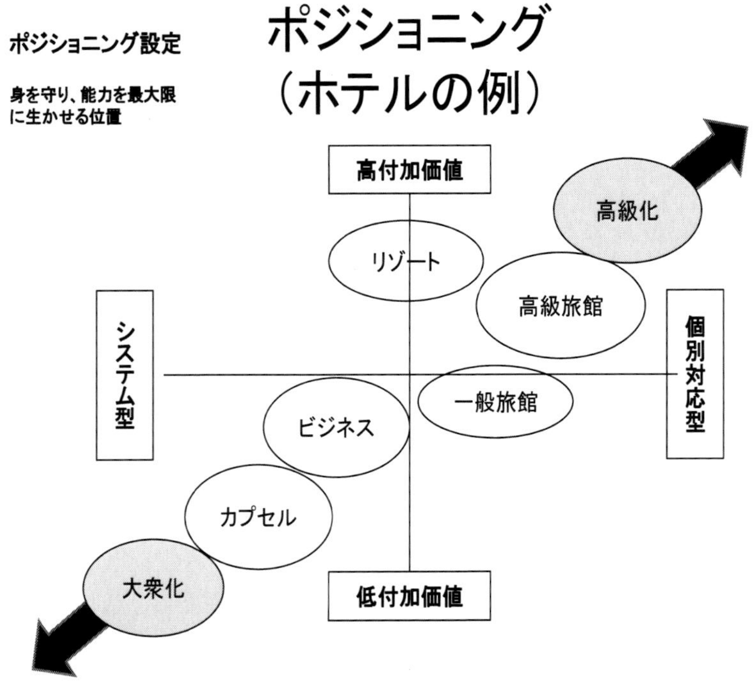

ポジショニング設定

身を守り、能力を最大限に生かせる位置

ポジショニング（ホテルの例）

＜マーケティング・ミックス（Marketing　Mix）＞

　いくつかの海外市場で業務を行なう企業はそのマーケティング・ミックスをどの程度まで現地の諸条件に適応させるかを決定しなければならない。例えば標準的なマーケティング・ミックスを世界的な規模で採用する企業がある。なんら大きな変化が起こらなければ製品、広告、流通経路、マーケティング・ミックスのその他の諸要素を標準化することによって最低の諸費用での事業運営の実施が推定される。

　他の例としては注文生産によるマーケティング・ミックスの考え方である。そこでは生産者がマーケティング・ミックスの諸要素を各標的市場に適応させ、より多くのコストを負担することになるが、より大きな市場占拠率と収益を期待している。企業が海外に進出する場合の製品、価格、チャネル、プロモーションに関して企業の行なう適応の可能性について検討してみる。

図表Ⅸ－14　国際化への5つの具体策

**国際マーケティングミックス
5つの具体策**

①**直線的拡張戦略**　そのまま海外で販売　追加的支出が不要

②**コミュニケーション適応戦略**　現地市場に合わせて変更　例：色彩、ネーミング

③**製品適応戦略**　現地の選好に合わせ自社の製品を変更

④**二重適応戦略**　現地市場に合わせてコミュニケーション・製品を変更

⑤**製品発明戦略**　1)従来の製品形態を再導入
　　　　　　　　　2)新製品ブランド創造

1）製品

　製品と販売促進を適応させる際に利用できる戦略として5種類の戦略がある。

3つの製品戦略を最初に検討し、2つのプロモーション戦略について整理する。

1.直線的拡張戦略

　直線的拡張戦略はなんら変更を加えることなく海外市場に製品を導入することを意味している。最高経営管理者はそのマーケティング担当者に「この製品をそのままもっていって、それの顧客を見つけてこい」と指示するのである。しかし、最初のステップとして海外の消費者がその製品を使用するかどうかを判断しなければならない。直線的拡張戦略はある事例では成功を収めたが他の事例では失敗に終わった例もある。直線的拡張戦略は追加的な研究開発支出が不要であり、製造方法や販売促進の一部修正だけで済むのでそれは確かに魅力的な戦略である。しかし、長期的に見た場合にはそれは高コストを招くかも知れない。

2.製品適応戦略

　製品適応戦略は現地の諸条件や選好に合わせて自社の製品を変更していく戦略である。

3.製品発明戦略

　製品発明戦略は何か新しいものを創造する戦略である。これには2つの戦略形態がある。後方的発明戦略はその国のニーズにうまく適応する従来の製品形態を再度導入するやり方である。それぞれの国は特定の製品を受容する準備の点で異なった段階があるという国際的な製品のライフ・サイクルの存在がある。

　もう一つの前方的発明戦略は他の国のニーズに合致するために新製品ブランドを創造する方法である。企業では進出国の食品のニーズについて研究し、新食品を開発してその製品が試用され、受け入れられるようにマス・コミュニケーションを開発している。製品の発明はすべての戦略の中でもっとも費用のかかる戦略であるかのようにみえるが、その反面で成功した場合には企業への報酬は最も大きくなるであろう。

　前方的発明による新製品ブランドを創造する場合はブランディングが求められる。まず、ブランド創造にはブランドアイデンティティ（主体性）の確立がスタートとなる。それには他の競合製品と差異を持たなければならない。次に製品の主

張を簡潔に表す「スローガン」が必要であり、併せて象徴となるシンボルを作る。そして、パブリシティなども活用して、社会での認知度を高め、機会があれば各種イベントや競技大会のスポンサーになることも有効である。ブランド想起の仕組みを作り、それを反復することでブランディングが強化されていく。また、事業者は最終的には顧客ニーズを満たし利益をあげることに主軸を置くが、社会問題や環境問題などへの積極的な取組を対外的にアピールするコーズマーケティング（Cause Marketing）の手法は有効である。

図表Ⅸ－15　新製品ブランディングプロセス

ブランディングプロセス

ブランドアイデンティティ（主体性）確立

差異を持たせる

スローガン（主張を簡潔に言う）作り

シンボル（象徴）作り

パブリシティ活用　　　例　Cause Marketing

スポンサーになる

想起の仕組み

反復

　図表Ⅸ－16は新製品ブランドの伝達方法を示している。まず最強の要素である製品そのものに関する要素のネーミングがある。パッケージではロゴ、シンボル、人物・動物などのキャラクター、字体や色彩も重要な要素である。
　訴求媒体としてのマス・コミュニケーション、パンフレット、フライヤー（小版チラシ）、リーフレット（1枚印刷物）や店頭でのショーカード、プライスカード、ＰＯＰ、買物袋などもブランド伝達に大きな影響を与える。同時に提供環境

としての店頭デザインや看板、意匠（デザイン）、従業員の制服、提供するサービスもブランドの伝達に大きな意味をもつ

図表IX−16　新製品ブランドの伝達方法

ブランド要素（伝達方法）

製品そのものに関する要素
・ネーミング（最強の要素、例：わたし入籍します）
・パッケージ、ロゴ、シンボル、キャラクター（人物・動物）、字体、色彩

訴求媒体
・パンフレット、フライヤー(小版チラシ)、リーフレット（1枚印刷物）
　ショーカード、プライスカード、POP、買物袋

提供環境
・店頭デザイン、看板意匠（デザイン）、制服
　サービス

2）価格

　製造業者は国内市場に比べて海外市場で自社の製品価格を低く設定する場合が多い。所得が低いために製品を販売するには価格を低く設定する必要がある。製造業者は市場占拠率を確保するために低価格戦略を採用するかもしれない。または国内で市場が見当たらない余剰製品を安く売りさばこうとしているかもしれない。もし国内市場よりも海外市場で価格をあまりにも低く設定するならばこれはダンピングと呼ばれることになる。

3）チャネル

　国際企業は製品を最終消費者に引き渡す問題について全ての経路について見渡していく必要がある。以下販売業者と購買者の間の三つの主要な経路の形態がある。
　第一の経路は販売業者の本部組織であり、その経路を本部が監督するがそれ自体はその経路の一部でもある。第二の経路である国家間の経路は製品を海外市場に移動させる仕事を行なう。国内経路である第3の経路は海外の参入地点から究

極の消費者へ製品を移動させる仕事を行なう。多くの製造業者はひとたび製品が
彼らの手から離れると、自分たちの仕事は終わったと考えている。しかし、彼ら
の製品が外国でどのように取扱われているのかについてもっと注意を払わなけれ
ばならない。

　国内の流通経路は国によって著しく異なっている。各海外市場で活動している
中間業者の数とタイプには著しい差異がみられるためである。

　また、相違点には海外の小売業者の規模とその特徴にある。たとえば、日本や
アメリカでは大規模な小売チェーンが支配的であるのに対し、海外における小売
活動は多くの小規模の独立小売業者の手に委ねられている。スーパーマーケット
は価格をもっと引き下げることができると考えがちであるが、多くの経済的、文
化的障壁のためにそれを開始することはむずかしい。

図表IX－17　ベトナム（ダナン）の伝統的市場

ベトナム（ダナン）ハン市場

http://office-hirai.com/

　図表IX－18はアジア新興国の国内流通経路例を示している。同地域では多くの
小規模の独立小売業者が流通の役割を担っている。中間業者の数とタイプは様々
であるが日系企業は対象国の流通業者（ディストリビューター）と販売店契約
（Distribution　Agreement）を締結することで所有権の移転が発生する。これ

らの業者はアジアでは多くの華僑が関わっている。流通業者はスーパーマーケットなどの近代的な小売業との顧客契約に基づき販売を行う。しかし、多くの小規模の独立小売業者は割高になってもこの近代的な小売業から仕入れ、消費者に小分け販売を行うことになる。

図表IX－18　アジア新興国の流通経路

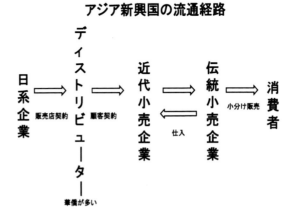

4) プロモーション

　企業は国内市場で採用しているものと同じプロモーション戦略を採用するか、それともそれぞれの現地市場に合わせてそれを変更することもできる。たとえば、広告のメッセージについて考えてみよう。多くの多国籍企業は世界中で標準化された広告テーマを採用している。広告は海外でのタブーを避けるために色彩を変えるというような最低限の変更が加えられる。ネームもまた一部修正されなければならない。

　他の企業では、独自の広告を開発するために海外事業部を奮起させている。また、メディアは国によって利用価値が異なるために国際的な対応が必要になる。

図表Ⅸ－19 海外市場への 3 つの適応方法、5 つの方向性

国際マーケティングミックスの方向

海外市場への3つの適応方法
5つの方向性

製品適応／販促	①製品変更なし	②製品変更あり	③新製品開発
販売促進変更なし	①直線的拡張戦略	③製品適応戦略 味覚	⑤製品発明戦略
販売促進変更あり	②コミュニケーション適応戦略 ポスター 芸能人活用	④二重適応戦略 （製品・販促）	

2　戦略に基づく事業活動

　企業は魅力のある外国市場のリストを開発したならば次にそれをふるいにかけ、評価しなければならない。次のような事例について検討してみよう。

　市場選択は比較的単純で簡単なように見える。だが、外国市場を選択した理由（その言語と文化の適合性）は決定に際して最優先事項であるべきであったかどうかを考え直してみる必要がある。候補となるいくつかの国は次のような基準に基づいて順位づけるべきである。

1. 市場規模
2. 市場成長性
3. 事業を行なう際のコスト
4. 競争的優位性
5. リスク水準

（1）参入方法

　ある特定の国に販売することを決定したならば，企業はその市場に参入する方法を決定しなければならない。その選択肢は輸出、ノウハウの提供、合弁事業、直接投資である。これらの一連の戦略はビジネスへの関わり方の違い、リスク、利益可能性を含んでいる。3 つの市場参入戦略にはさまざまな選択肢が含まれている。ここでの目的は企業がどの市場から長期最大の資本利益率（株主資本利益率とは、ROE（%）＝当期純利益÷自己資本 × 100）が得られるかということを明らかにすることである。

　図表IX－20 は海外市場への参入方法とリスクとリスクの関係を表した図表である。

図表IX－20 海外市場への参入方法とリスク

	方法	内容	小
輸出	間接輸出	仲介業者通す	
輸出	直接輸出	自ら貿易行う	
ノウハウ提供	ライセシング	資産の一部提供	リスク
ノウハウ提供	フランチャイジング	ノウハウ提供	投資
ノウハウ提供	契約生産	委託生産	固定費
直接投資	合弁事業	共同出資	コントロール
直接投資	子会社	全て自ら行う	大

　間接輸出による方法はリスクが一番少なく、対象国での子会社設立などの直接投資は一番リスクが大きい。輸出形態では間接輸出には仲介業者通して行う間接輸出、自ら貿易業務を行う直接輸出がある。仲介業者を介在させる間接輸出方法が投資面、固定費面、管理面から一番リスクは少ない。自ら全て行う直接投資による現地子会社設立による海外参入は一番リスクが高くなる。ノウハウ提供による参入には自社資産の一部を提供する「 ライセシング」、ノウハウを提供する「フ

ランチャイジング」、製造業などが委託生産を行う「契約生産」がある。直接投資にはパートナーとの共同出資で行う合弁会社や自社自らが全てを行う子会社の設立形態がある。

　図表の下に行くほど投資額や固定費必要になりリスクが高まっていくと考えられる。多くの企業は初め輸出業者としてスタートするが次に合弁事業に移行し、最後には直接投資を行なうようになる。

輸出形態

　海外市場に参入する最も簡単な方法は輸出による方法である。

〈随時的輸出〉

　消極的な参入の方法であって、この場合企業はタイミングをみて余剰品を輸出し、海外企業を代表する現地のバイヤーに商品を販売している。

〈積極的貿易〉

　企業が特定の市場に輸出を拡大するために関わっていく場合である。いずれの場合にも企業は自国でその商品のすべてを生産する。

　企業は輸出市場に対応して、それら製品の一部の修正を行う場合がある。これらの三つの選択肢のなかで輸出は企業の製品ライン、組織、投資の点で最小限の変更でこと足りる。

　企業は二通りの方法でその製品を輸出することができる。企業は独立した国際マーケティングを行なう中間業者を雇うこともできるし(間接輸出)、また自社の輸出を直接処理することもできる(直接輸出)。間接輸出は輸出を開始しようとしている企業でごく一般的である。

　まず企業はあまり投資を必要としない。その場合、企業は海外のセールスフォースまたは取引窓口を開設する必要がない。次に企業にとってリスクがより少ない。国際マーケティングを行なう中間業者（国内に拠点をおく輸出商人または輸出代理店，協同組織）はノウハウやサービスを提供し、販売業者は一般的に失敗が少なくて済む。

1)展示会による販路拡大

　図表Ⅸ−21 は台北の世界貿易センターの写真である。台湾でのパートナー探し

や展示会が開催されている。このセンターは中華民国対外貿易発展協会（TAITRA）が運営している。

1970 年に対外貿易促進を目的に設立され、毎年台湾で年間約 30 回の国際専門見本市を主催している。日本企業の買付、投資、市場開拓サポート、展示会へのＰＲ活動などを実施する。1972 年に東京で日本事務所設立以来、台日のパートナーシップの強化を目指し、年間 20 以上の日本市場開拓ミッション（使節団）招聘し、数多くの見本市へも出展して 日本、台湾間の貿易の振興を図っている。

図表IX－21　台北世界貿易センター

台北世界貿易センター(TAITRA)

玄関

タイトラ　国際展示センター

図表IX－22 は展示会出展による販路拡大手順を示している。まず、出展計画段階で出展の目的を明確化しなければならない。続いて出展計画を作成する。ターゲットを明確化したキャッチコピーの作成を行う。それと並行して輸出規制や現地事情分析を行っておく。

　出展する展示会の選定、予算計画、必要なスタッフを編成したうえで、出展機器や販促用資料の準備、サンプル、配布資料、実演等の演出ツールの準備を行う。

　展示備品を調達し、資料やパネルの翻訳を行う。通訳を確保し、展示品の輸送＆通関（輸出入許可）、備品、消耗品、資料、パネル等の発送を行う。再度この段階で各種規制や手続き情報を確認しておく。

図表Ⅸ－22　展示会出展による販路拡大手順

展示会出展による海外販路拡大手順

出展計画　目的明確化、出展計画作成
　　　　　　　ターゲット明確化、キャッチコピー作成、輸出規制、現地事情分析
　　　　　　　　①展示会選定、②予算計画③スタッフ編成
　　　　　　　出展機器・販促用資料の準備
　　　　　　　　サンプル・配布資料・実演等演出ツール準備、展示備品調達
　　　　　　　　資料・パネル翻訳、通訳確保
　　　　　　　展示品の輸送＆通関（輸出入許可）
　　　　　　　　展示製品、備品、消耗品、資料、パネル等発送、
　　　　　　　　規制、手続き情報再確認
出展実施　展示コーナー設営・装飾
　　　　　　　　出展ブース準備・設営、スケジュール・各員の役割確認
　　　　　　　　通訳へ製品・プレゼン内容説明
　　　　　　　　ニーズ把握、顧客シートへ入力、アポイント
　　　　　　　市場調査
　　　　　　　　会場内類似製品調査、会場外百貨店・SC視察
販路拡大　出展後のフォロー
　　　　　　　　出展製品の改良、バイヤーへサンプル送付、来場者のフォロー(サ
　　　　　　　　クスメール、サンクスレター)

　出展実施時は展示コーナー設営や装飾出展ブースの準備、設営、スケジュール、各担当者の役割確認、通訳へは製品及びプレゼン内容の説明をしておく。

　来場者のニーズを把握し、顧客シートへ入力を行い、今後のアポイントの可能性を探る。この段階で会場内の類似製品調査、会場外百貨店やショッピングセンター視察等の市場調査も実施しておく。

販路拡大のためには出展後のフォロー策として、出展製品の改良、バイヤーへ
サンプル送付、来場者へのサンクスメール、サンクスレターなどのフォロー体制
が必要である。

　図表IX−23は展示会来場者の不安への対応策を整理した図表である。バイヤー
を含めた来場者は展示商品の品質、代替品かわる価値があるかどうかの不安、ア
フターサービスへの不安、リードタイム（調達期間）への不安、購入予算枠に見
合う価値への不安等が存在する。これらの不安を取り除いていくために展示会で
出品側は以下の説明や情報の提供をしなければならない。

図表IX−23　展示会来場者の不安への対応策

海外展示会来場者の不安への対応策

来場者（バイヤー）の不安		対応策
品質が悪いかもしれない	ア ピ ー ル ポ イ ン ト を 明 確 に	開発経緯を説明
代替品かわる価値があるか		オススメの使用シーン
アフターサービスは大丈夫か		特徴　客観的事実を述べる 　　　違いの明確化
リードタイムは大丈夫か		利点　優位性を挙げる 　　　期待効果
予算枠に見合う価値はあるか		便益　使用価値を具体的に 　　　満足感、充足感
ノウハウ：知識、経験、秘訣、コツ		証拠　具体的証拠を見せる 　　　実例、事例、データ

　まず、自社製品の開発の経緯を説明しなければならない。この段階では自社独
自の技術やノウハウの蓄積にも触れておきたい。続いてオススメの使用シーンや
ケースをパネルや説明文、写真も用いながら解説する。製品の特徴については客

観的事実を述べることに努め、競合する製品との違いを明確化していく。

　製品の利点については競合する製品と比べての優位性を挙げ、期待される効果について説明を行う。製品のベネフィット（便益）は使用価値を具体的に述べ、購入者が得られる満足感や充足感を伝える。そのときには実例、事例、データ等の証拠を示し、説得力を高める。このようなストーリーに沿ってアピールポイントを的確かつ明確に伝えていく必要がある。最後に当社はこの製品で貴社の発展に貢献したいという事業にかける思いも併せて伝えておきたい。

2)商談会による販路開拓

　特に初めての商談会を企画実行してビジネスマッチングを行う場合には海外での活動実績のある団体や現地でのカウンターパートナーの存在が不可欠である。日本の異業種交流会などで企画される場合、売り手側商談会参加企業の対象製品の把握、商談会参加担当者の役職と権限及び買い手側商談会参加企業の購入希望製品の把握、商談会参加担当者の役職と権限等を把握したうえでの現地パートナーによる調整が求められる。

図表IX−24　台北での日本酒卸売業との商談会

台北市内で日系企業訪問による商談会の模様

3)イベントによる販売

　図表IX−25　台北の現地百貨店での日本商品展出展プロセスと展示会レイアウトを表した図表である。民間レベルの催事業者が行う日本商品展は一般的には以下のプロセスですすめられることが多い。

　日本での催事参加希望者への説明会→催事参加希望者からの出店申し込み→催事参加希望者の選考後、出店企業決定→出展品目と数量の決定→出店企業による必要書類提出→催事業者による指定発送準備→日本国内倉庫納品→必要な場合の追加納入後、対象国への製品輸送が行われる。

図表IX−25　台北の日本商品展出展プロセス

　図表IX−26　製品説明時の4つのポイントを示している。まず製品の特徴についての説明を行う。競合製品と何が異なり、何が新しく、どのような機能があるのかといった点について客観的に説明する。

　次に製品の利点について説明を行う。何ができるようになるのか、何が良くなるのか、何が変わるのかといった期待される効果や優位性を説明する。

　さらに製品の便益性について説明を行う。何が満たされるのか、何が充足されるのかといった製品のベネフィットを具体的に示す。

　最後に便益性や利点の証拠について説明を行う。実例や事例、具体的データなど事実を見せる必要がある。

図表Ⅸ-26　製品説明時のポイント

製品説明時の4つのポイント

1　特徴
　　～が違う
　　～である　　　　　　客観的事実述べる
　　～が新しい
ストーリー展開
　　　　⬇　～だから
2　利点
　　～が出来る
　　～が良くなる　　　　優位性を挙げる
　　～が変わる
　　　　⬇　～さらに
3　便益性
　　～が満たされる
　　～が充足される　　　具体的に示す
　　～感がある
　　　　⬇　～その証拠に
4　証拠　　　　　　　具体的事実を見せる

それは何なのか
どんな機能
他と何が違うのか

何ができるか
期待される効果

それは何なのか
どんな機能
他と何が違うのか

実例
事例
具体的データ

図表Ⅸ-27　現地百貨店での日本製品展

日本製品展

新竹の百貨店催事コーナーで日本製品の販売

台湾　新竹　遠東百貨店

4)ライセシング

　自らの資産の一部提供を行うと同時にノウハウ提供を行うライセシングによる参入形態がある。図表IX−28 はサンリオが行っているライセンス事業の二つのパターンを示している。欧州系多国籍企業にライセンスを提供し、その企業はライセンシーとして世界市場に進出する。世界市場からの売上収入を得た結果、ライセンス料を支払う。

　もうひとつのパターンは中国市場を念頭においたものであり、当該企業とマスターライセンサー契約を締結し、マスターライセンサーが中国市場にライセンスを提供し管理も行うものである。これは著作権リスクに備えた方法であり、マスターライセンサーは中国市場からライセンス料を得て、サンリオにマスターライセンス料を支払うかたちになる。

図表IX−28 サンリオのライセシングによる海外展開

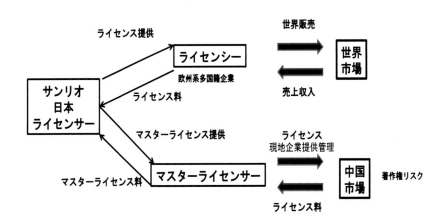

マスターライセンス契約：再許諾を与える契約　　（出所）「グローバルマーケティング」創成社2012

図表Ⅸ-29 東アジアで人気のあるハローキティ

台湾　高雄　夢時代 Dream　Mall　ＳＣ

　製造業においてのライセンス契約も国際マーケティングに参入するのに比較的
簡単な方法である。ライセンス提供者は海外市場においてライセンス受託者と契
約を締結して製造工程、商標、特許、商業上の秘訣（人には知られていない最も
効果的な方法＝こつ）、または使用料やロイヤルティに関連した他の価値項目を使
用する権利を提供することになる。ライセンス提供者はほとんどリスクを払わな
いで市場への参入権を獲得し、ライセンス受託者は出発点から始めなくても生産
に関する専門知識、または知名度の高い製品や社名を獲得する。

5)フランチャイジング

　フランチャイジングシステムは海外進出において多くの企業により用いられて
いる。これはフランチャイザーがロイヤルティの支払いと交換に商号・商標・ビ
ジネスモデル・ノウハウを担当地域において特定期間利用する権利を与えること
により成立する。

　フランチャイザーのメリットは少ない投入資源で自社の事業方式を外国市場に
浸透が可能になり、フランチャイジーメリットは資金があれば早期に事業展開が
可能になることである。

　一方フランチャイザーデメリットは契約終了後フランチャイジーがライバルに
なる可能性がある。また、ライセンシングとの違いとして、フランチャイジング

はマーケティングや経営に関するノウハウの提供を含み、フランチャイジーに対してトレーニングや経営指導も行う。契約したフランチャイジー側の企業経験などを利用して現地適応の可能性が高まる。

　フランチャイズシステムの基本はフランチャイズ本部が加盟店に対して商標、ノウハウ、システム・プログラムの提供を行う。加盟店は自身で資金負担や人材負担したうえでフランチャイズ本部にロイヤルティ（権利を持つ者に支払う対価）や加盟金を支払うという契約に基づいた仕組みである。フランチャイズ本部は直営店において新たな製品やサービス導入などの実験や新たなタイプの店舗開発を実施する。

図表IX−30 フランチャイズシステム

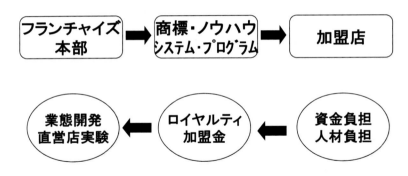

ロイヤルティ　：権利を持つ者に支払う対価

　図表IX−31 は味千（ラーメンチェーン）のFCによる海外展開の仕組みを示している。味千ホールディングスは中国にある投資持株会社であり、フランチャイザーとなり 700 店舗以上を中国で展開している。中国のフランチャイジーとFC契約を結び、ロイヤルティの支払いを受け、味千ホールディングスは売上高の0.85％をスープ特許権使用権名目で重光産業に支払っている。

図表Ⅸ−31　味千のＦＣによる海外展開

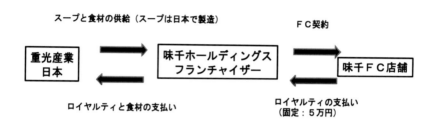

味千のＦＣによる海外展開

スープと食材の供給（スープは日本で製造）　　　　ＦＣ契約

重光社長談：日本が駄目だから海外で成功させようとすると失敗する

　図表Ⅸ−33 は吉野家のＦＣによる海外展開の仕組みを示している。2019 年時点で海外展開海外店舗は 994 店舗内北京に 261 店舗、台湾は 80 店舗である。吉野家はフランチャイザーとなり対象地域の子会社や合弁企業とエリアフランチャイズ（一定地域に商標使用権を独占的に与える）契約を締結し、商標貸与やノウハウ・タレ供給を行う。当該地域でそのパートナー企業の直営による多店舗展開が実施されている。

図表Ⅸ−32　吉野家の北京でのＦＣ

吉野家のＦＣによる海外展開

飲食ＦＣ例　吉野家(2019)
海外店舗　994店舗　北京261店
台湾80店

吉野家　北京店

吉野家のＦＣによる海外展開

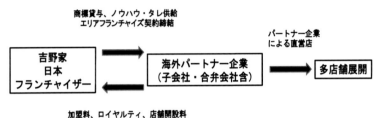

商標貸与、ノウハウ・タレ供給
エリアフランチャイズ契約締結

パートナー企業
による直営店

吉野家
日本
フランチャイザー

海外パートナー企業
（子会社・合弁会社含）

多店舗展開

加盟料、ロイヤルティ、店舗開設料

エリアフランチャイズ：一定地域に商標使用権を独占的に与える

　図表IX−34は世界のＦＣ企業による海外展開を2016年「 Franchise Direct」
が公表した店舗数の多い順のベスト10の表である。

図表IX−34　世界のＦＣ企業による海外展開

1位：セブンイレブン
（アメリカ発祥、1991年にセブンイレブンジャパンが本家を子会社化して日本企業に）
2位：サブウェイ3位：マクドナルド4位：公文5位：KFC6位：ピザ・ハット7位：グルーブカジノ
（フランスの小売りチェーン）8位：バーガーキング9位：カルフール（フランスのスーパーマーケットチェーン）10位：ドミノ・ピザ

June 21, 2016 Source: Franchise Direct

　1位はセブンイレブン（アメリカ発祥、1991年にセブンイレブンジャパンが本家を子会社化して日本企業に）、2位はサブウェイ、3位はマクドナルド、4位は公文、5位、KFC6位、ピザ・ハット7位、グループカジノ（フランスの小売りチェーン）、8位はバーガーキング、9位はカルフール（フランスのスーパーマーケットチェーン）、10位はドミノ・ピザであった。

6)合弁事業

　合弁事業で海外市場に参入する方法は生産とマーケティング諸施設を準備する相手国で事業を共同して行なうことである。合弁事業は輸出とは異なるがそこでは海外でなんらかの生産施設を提供する協力体制が形成される。そして合弁事業が直接投資と異なるのはその国のだれかと結合体制が形成されるという点である。

図表Ⅸ－35　合弁事業のメリットとデメリット

合弁事業による海外進出

合弁事業（Joint　Venture）は複数の異なる組織が共同で事業を興すこと、及びその事業を指す

現地のパートナーは現地情報や人脈を有していることが多く発展途上国進出に際してよく用いられる手法

メリット
パートナーからの情報・人脈が期待できる
現地受入国からの反発が少ない
現地流通チャネル構築が容易
人材確保が容易

定性的パートナー評価
1経営理念の共有可能性
2見識力(本質を見通す判断力)
3人間的資質(指導力・論理的思考能力)
4業界・行政への影響力

デメリット
パートナーとの意見対立の可能性

締結前に解消後の取り決めをしておくことが必要

合弁事業は相手企業の設備 人材・販路等を利用相対的に少ない初期投資で進出が可能である。しかし、相手企業との紛争人事権・財務権が相手にある場合には日本側に不利に運営されるリスクが発生する。合弁設立時にかみあっていた双方機能が、年月を経過しても維持されるかを見極める必要がでてくる。

　海外の投資家が現地で事業を起こすために現地の投資家と所有と統制を共同で行なうような合弁による方法が、この合弁所有による事業である。海外の投資家は現地の会社で利権を購入し、現地の企業は海外企業が現在保有している業務に関する利権を購入する。または両事業者が新規の事業を組織する。合弁事業を行なうということは経済的または政治的理由から必要であり、望ましいことであるかもしれない。その企業は独自で事業を行うには財務的、物理的、または経営的諸資源を欠くかもしれない。また、外国政府が参入の条件として現地の企業との合弁による所有を要求する場合などが想定される。

　合弁による所有は海外企業にとってある種の欠陥もある。例えばパートナー間に投資、マーケティング、またはその他の政策をめぐって不一致などが考えられる。多くの企業は成長のために利益を再投資しようとするのに対して、現地の企業はこれらの利益を支払いに当てることを主張することも考えられる。また、企業はマーケティングに大きな比重をおく傾向があるのに対して、現地の投資家は販売活動に重点をおくなど、合弁所有による事業は世界的規模で特定の製造やマーケティング上の諸政策を遂行しようとする多国籍企業の諸計画を妨げる可能性もある。したがって、合弁形態の事業を実施していく際には合弁相手との経営理念の共有可能性、本質を見通す判断力などの見識力、指導力・論理 的思考能力などの人間的資質、業界・行政への影響力など定性的なパートナーの不断の評価を怠ってはならない。

　図表IX－36 は合弁事業と直接投資の長所と短所比較を行った表である。合弁形態の長所は相手企業の設備や人材・販路等を利用することで相対的に少ない初期投資で進出可能なことである。直接投資の長所は重要事項を自社だけで決定できる点にある。

　合弁形態の短所は相手企業との紛争やまた人事権、財務権が相手にある場合は日本側に不利に運営されるリスクがある。当初、合弁設立時にかみあっていた双方機能が年月を経過しても維持されるかを見極めることが求められる。直接投資

の短所は進出国を熟知する人材が必要である。経営を現地側に丸投げせず、コントロールすることが重要といえる。

図表Ⅸ－36　合弁事業、直接投資の長所と短所比較

	長所	短所	備考
合弁	相手企業の設備人材・販路等を利用 相対的に少ない初期投資で進出可能	相手企業との紛争 人事権・財務権が相手にある場合、日本側に不利に運営されるリスク	合弁設立時にかみあっていた双方機能が、年月を経過しても維持されるかを見極める
直接投資	重要事項を自社だけで決定できる	進出国を熟知する人材が必要 国・業種によっては独資による進出が認められない場合がある	経営を現地側に丸投げせず、コントロールすることが重要

図表Ⅸ－37　中国湖南省で合弁形態スタートした日系百貨店

湖南平和堂　五一広場店

１９９８年１１月にオープン、資本金５０００万ＵＳ＄、

店舗面積５０，０００㎡（通路含む）

7)直接投資

　直接投資では重要事項を自社だけで決定することができる。しかし自らの組織に進出国を熟知する人材が必要である。国や業種によっては独資による進出が認められない場合があることに注意しなければならない。経営を現地側に丸投げせず、本社が適切にコントロールすることが重要である。これを怠った場合、現地での不正行為やトラブルを発生させることも少なくない。

　海外市場への究極的な参入形態は外国での組立て、または製造設備に投資を行なうことである。企業が輸出を通じて経験を積むに従い、また海外市場が十分大きく成長するに従い、海外に生産設備をもつことは著しい利点をもつことになる。

1.企業は安価な労働や原材料，外国政府の投資誘因，運送費の節約などの形で本当の費用節約を図ることができる。

2.企業は雇用の機会を生むという理由からその受入国において、よりよいイメージを得る。

3.企業は政府、顧客、現地の供給業者、および流通業者とのより深い関係を増進する結果、自社製品を現地のマーケティング環境によりうまく適応させることができる。

4.企業はその投資に対して十分な統制を確保し、その長期の国際的な諸目標に役立つ製造やマーケティング上の諸政策を開発することができる。

（２）マーケティング組織

　企業は自社の製品、販売促進、価格、流通がそれぞれの海外市場でどの程度受け入れられるべきかを決定しなければならない。最後に企業は国際マーケティングを遂行するために有効な組織を開発しなければならない。ほとんどの企業は輸出部門から開始し、次第に国際事業部へと移行する。そしていくつかの企業は多国籍企業へと発展していく。

　企業は少なくとも３つの異なった方法で国際マーケティング諸活動を管理する。ほとんどの企業は最初に輸出部門を組織し、続いて国際事業部を創設し、最終的には多国籍組織となる。

1) 輸出部門

　企業は一般的に海外からの注文製品を単に出荷することにより、国際マーケティングに参画するようになる。海外での販売が増大すると、企業は販売担当管理者と数人の事務補佐からなる輸出部門を組織する。さらに海外での販売が拡大すると、その輸出部門は拡大し、さまざまなマーケティング・サービスを行なうようになり、より積極的に海外事業を推進することができるようになる。もしその企業が合弁事業や直接投資を行なうようになると、その輸出部門はもはやこれらの目的に役立たなくなるだろう。

2) 国際事業部

　多くの企業はさまざまな国際市場や国際事業に関与するようになる。一つの企業がある国へは輸出をし、他の国とはライセンス契約を締結し、また違った国では合弁事業を行ない、さらに子会社を所有するということになるかもしれない。こうなれば結果的にその企業はその国際活動のすべてに責任をもつ国際事業部、または子会社を創設することになるだろう。この国際事業部は国際事業部担当責任者によって管理され、その責任者は目標や予算を設定し、国際市場における企業の成長に対して全責任を負うのである。

3) 多国籍組織

　いくつかの企業では国際事業部の域を越えて真の多国籍組織に移行している。彼らは海外で事業を展開する国内のマーケティング担当者であるという考えを改めて、世界的なマーケティング担当者として自覚し始める。本社の最高経営管理者やそのスタッフが世界的規模での製造設備、マーケティング政策、資金の流れ、およびロジスティク・システムの計画作成に関与するようになる。世界中のさまざまな事業単位はその報告を国際事業部長ではなく、直接に最高経営責任者か経営委員会に対して行なう。経営責任者は国内や外国だけではなく、世界的な規模で事業が営まれるように教育訓練が行なわれる。また、優秀な経営管理者が多くの国々から募集される。構成材や補助材料はコスト的に最も安価に入手できる所で調達され、投資は予想収益が最大になるところで行なわれることになる。

（３）管理・評価システム

1) 管理システム

　図表Ⅸ－38 は戦略的マーケティングの仕組みを示している。組織が確定すると
メンバーが職務を実行していくための管理システムがつくられる。従来管理シス
テムはカネの流れを管理する会計や経理システムが中心となっていたが、現在で
はカネだけではなく戦略を日常業務のなかで遂行する場合に必要となるヒト、モ
ノ、カネ、情報、時間といったあらゆる管理制度が必要となってきている。

　管理システムは本来実行段階を管理統制するものであるが、メンバーが戦略を
より具体的に実行しやすいように行動準則を含めた活動の指針となる要素も含ま
れるべきであろう。

図表Ⅸ－38　戦略的マーケティングの仕組み

図表Ⅸ－39 は４つのマーケティングコントロールの対象を示している。年間コ

ントロールでは年間を通じて計画と　実績をチェック　必要な場合の修正が対象となる。

　収益性コントロールでは個々の商品の販売地域、客層別割合、流通チャネル別割合、オーダー別割合、サイズ別割合など定期的に分析評価を行う。

　効率性コントロールでは広告宣伝の効果、人的販売の効果、販売促進の効果、流通チャネルなどが効率的にコントロールされているかの分析評価を行う。

　戦略コントロールでは環境と機会への適応についての検討を行い、有効性について再評価しなければならない。マーケティグ活動への監査を実施する。

図表Ⅸ－39　4つのマーケティングコントロール対象

4つのマーケティングコントロール

年間計画コントロール	収益性コントロール	効率性コントロール	戦略コントロール
年間を通じて計画と実績をチェック必要な場合修正	個々の商品販売地域客層別流通チャネルオーダー別サイズ別定期的に分析評価	広告宣伝人的販売販売促進流通効率的にコントロール	環境と機会への適応を検討有効性再評価マーケティング監査を行う

2)評価システム

　組織構成員による諸活動は今後の戦略の改善や継続、変更のために常に評価されなければならない。適切な評価は戦略実行を貫徹させ、責任ある結果を導いていく。組織のメンバーはこの評価システムによって自らの行動を律し、活動の方向付けを行う。その意味で評価システムこそがすべての流れを最終的に見届けて、戦略と実行の成功を保証するであろう。評価システムの下では昇進、昇給、その

他などの賞罰が与えられる。

　しかし、この評価システムは複数の目標（KPI も含む）や戦略方向の実行度合い達成をチェックするため多様な評価項目が必要となる可能性がある。評価を将来に生かす視点が重要であり、インフォーマルな評価も用いながらのシステム活用が望まれる。

[**本章の課題問題**]

1　海外市場でのマーケティング・ミックスの考え方について説明してください。

2　ＳＴＰマーケティングのフレームワークについて説明してください。

3　合弁形態の長所について説明してください。

<参 考 文 献>

デービット・A・アーカー(2003)『ブランド・エクイティ戦略論』ダイヤモンド社。

グロービス（2018）『図解基本フレームワーク50』ダイヤモンド社。

伊藤忠ファッションシステムズ（2005）『ビームズ戦略』ＰＨＰ。

鐘井輝（2001）『新規事業開発　中小企業診断士試験6』評言社。

鐘井輝（2015）『コンサルタントによるマーケティング理論とマネジメント実践』エコハ出版。

国際時事アナリスツ編（2021）『アジア29カ国のいまがわかる本』河出書房新社。

小坂恕（2004）『グローバル・マーケティング』株式会社国元書房。

丸谷裕一郎(2012)　『グローバル・マーケティング』株式会社創成社。

丸山ゴンザレス（2004）『アジア親日の履歴書』辰巳出版株式会社。

Michael E.Porter（1999）*ON COMPETITION,the* President and Fellows of Harvard College.（竹内弘高訳(1999)『競争戦略論Ⅰ』ダイヤモンド社。）

Michael E.Porter（1999）*ON COMPETITION,the* President and Fellows of Harvard College.（竹内弘高訳(1999)『競争戦略論Ⅱ』ダイヤモンド社。）

Peter F.Drucker（1954）*THE PRACTICE OF MANAGEMENT,*Harper＆Brothers Publishers,New York.（野田一男・現代経営研究会訳(1987)『現代の経営（新装版）（上）』ダイヤモンド社。）

Philip Kotler（1995）　*MARKETING,ESSENTIALS,*東海大学出版会。

Philip Kotler(1999)*KOTLER ON MARKETING,*THE FREE PRESS,a division of Simon＆Schuster Inc.（木村達也訳(2000)『コトラーの戦略的マーケティング』ダイヤモンド社。）

Philip Kotler（2001）*A Framework for Marketing Management,FirstEdition,*Prentice-Hall,Inc.（恩藏直人・月谷真紀訳(2002)『コトラーのマーケティング・マネジメント基本編』ピアソン・エデュケーション。）

社団法人中小企業診断協会滋賀県支部編（2002）「起業家ハンドブック」財団法人滋賀県産業支援プラザ。

社団法人中小企業診断協会滋賀県支部編（2005）「経営革新支援のための経営指導員ハンドブック」滋賀県商工会連合会。

嶋口充輝（1984）『戦略的マーケティングの論理』誠文堂新光社。

嶋口充輝（1993）『統合マーケティング』日本経済新聞社。

嶋口充輝・石井淳蔵（2002）『現代マーケティング［新版]』有斐閣。

森辺一樹（2021）『グローバル・マーケティングの基本』日本実業出版社。

著者紹介

鐘井　輝（かねい　あきら）
1976年立命館大学法学部卒業
1998年同志社大学大学院経済学研究科応用経済学専攻
博士課程前期課程修了
2015年滋賀県知事表彰（中小企業功労）
2018年　藍綬褒章受章（中小企業功労）

現在　一般社団法人滋賀県中小企業診断士協会副会長
　　　日台中小企業交流促進協会会長
　　　日本販売促進学会関西会長
　　　滋賀県経営革新計画承認審査会委員
　　　ながはまグローカルチャレンジ応援事業審査会委員
　　　（公財）滋賀県建設技術センター　評議員
　　　大津商工会議所小規模企業振興委員
　　　大阪経済大学経営学部非常勤講師
　　　びわこ学院大学非常勤講師
主著　『マーケティングの諸問題』（共著、同友館）、『マーケティングの歴史的視角』（共著、同友館）、『流通業態化への運動法則』（評言社）、『中小企業診断士試験6新規事業開発』（共著、評言社）、『中小企業診断士試験8助言理論』（共著、評言社）、『コンサルタントによるマーケティング理論とマネジメント実践』（共著、エコハ出版）

国際マーケティング入門
― 市場調査と分析／マーケティング戦略 ―

2022年 3月 9日	初 版 発 行
2022年 5月18日	第 二 刷 発 行

著　者　　鐘井　輝

発行所　　株 式 会 社　三 恵 社
〒462-0056 愛知県名古屋市北区中丸町2-24-1
TEL 052 (915) 5211
FAX 052 (915) 5019
URL http://www.sankeisha.com